2021 年度河北省社会科学发展研究课题，课题编号：20210602001
秦皇岛市科学技术研究与发展规划项目，项目编号：202003B052

高校科技成果转化对策研究

——以秦皇岛市为例

李 华 著

燕山大学出版社

·秦皇岛·

图书在版编目（CIP）数据

高校科技成果转化对策研究：以秦皇岛市为例 / 李华著. —2 版. —秦皇岛：燕山大学出版社，2023.6

ISBN 978-7-5761-0474-5

Ⅰ.①高… Ⅱ.①李… Ⅲ.①高等学校－科技成果－成果转化－研究－秦皇岛 Ⅳ.①G644

中国版本图书馆 CIP 数据核字（2022）第 255469 号

高校科技成果转化对策研究——以秦皇岛市为例

李 华 著

出 版 人：陈 玉	
责任编辑：孙志强	策划编辑：孙志强
责任印制：吴 波	封面设计：方志强
出版发行：燕山大学出版社 YANSHAN UNIVERSITY PRESS	电 话：0335-8387555
地 址：河北省秦皇岛市河北大街西段 438 号	邮政编码：066004
印 刷：涿州市般润文化传播有限公司	经 销：全国新华书店

开 本：710mm×1000mm 1/16	印 张：13.5
版 次：2023 年 6 月第 2 版	印 次：2023 年 6 月第 1 次印刷
书 号：ISBN 978-7-5761-0474-5	字 数：187 千字
定 价：54.00 元	

版权所有 侵权必究

如发生印刷、装订质量问题，读者可与出版社联系调换

联系电话：0335-8387718

序

当李华同志拿着厚厚的书稿希望我为其新作《高校科技成果转化对策研究》作序的时候，我着实惊呆了，不仅是从未有人找我为书作序的一种意外，更多的是没有想到平时繁忙工作又有授课任务的她，竟然能写出此书来。虽然出于对其尊重和自尊心保护，我答应先看看再说，心里却想着用一种能为其接受的方式拒绝。寒假的一个下午我捧起书稿，坐在茶室中，静心地用心读着。多年来我养成一种读书看文章的习惯，先看题目再看观点，如能读进去再一点点深入。此书是研究高校科技成果转化的，一下子就触动了我多年对这一问题实践中思考一吐为快的神经，所以就对书稿细致完整地读了一遍，也认真地说服自己努力完成对我而言很艰难的任务。

习近平总书记指出："发挥创新第一动力作用，推动科技成果转移转化。"推动高校科技成果转化于政府管理创新、高校健康发展、经济转型升级和构建新发展格局都极其重要，既需要政府主导、高校自觉、企业积极，也需要政策推动、模式创新和机制灵活。近年来，各地各方面都在实践中进行探索和创新，取得了一些宝贵经验和成效。众多学者做了一些思考和研究，但像本书以一个市为例，总结成功经验、分析发展现状、指出存在问题、剖析典型案例、梳理政策文件、提出对策措施，如此具有针对性、系统性、完整性、操作性和实效性的专著还真不多见，我总想寻到一本这样有价值的书，今天终于得以满足。

书中各章节内容浑然一体、缺一不可，许多见解都很有水准，但我对对策措施更有同感，许多措施我都想过，但没有系统研究提出。比如：关于如何建立科技成果转化中试基地，提出了依托高校、科研院所和龙头企业的科技创新资源建设的开放共享的中试基地。采取"筑巢引凤"策略，按照"先建成后奖补"的方式，进行中试基地前期建设等具体做法，既十分必要又非常重要，政府和相关部门如采纳实施，一定会起到十分积极的促进作用。十条对策措施每一条都应在实践中落实成为具体政策或工作举措。

高校是立德树人之地，担负着为党育人、为国育才的重要使命。教师在完成高校任务中责任重大、使命光荣。在我的心中，教师既要做育人的模范，也要做科研的标兵。我期待着李华同志坚持下去，走正确道路、创辉煌事业，也希望年轻学者立足本职、追求高远、扬帆远航。

如果说该书还有哪些不足或缺憾的话，在我看来对策建议上略显宏观，仍有具体细化实化的必要和可能。这也许为李华同志提供了继续深入做系列研究的空间和机会。我相信，李华同志也已经悟到了这一点。但愿李华同志把高校科技成果转化若干问题系统研究下去，也祝愿李华同志未来教书育人和深耕科研的道路越走越宽广。

是为序。

丁宏华

2021年2月21日

自　　序

从小到大父母一直教育我做善良、上进、感恩的人，随着年龄增长和阅历增加，我越来越懂得父母的良苦用心。大学毕业后我有幸来到高校工作，用自己的实际行动努力践行着"爱校如家、爱生如子、爱岗敬业"的工作理念，建设着、见证着、享受着这所学校和这座城市的发展，努力追求做一个对社会、工作、家庭有责任感的人。曾几何时，我也一度满足于按时上下班的平稳安康生活中，直到我参与起草、组织实施、督导落实学院《服务秦皇岛五年行动计划》并在全市取得可喜成果。在这 5 年的工作实践中，我从思想上深刻认识到高校的职能发挥不仅只是教书育人，还有科学研究、服务社会发展等，作为一名高校教师不仅要完成立德树人的根本任务，还要承担起服务地方经济社会发展的社会责任。2020 年我试着申报了秦皇岛市级科学技术研究与发展规划课题"高校科技成果转化对策研究"，幸运地得到立项支持。于是我通过集中学习、多方查阅资料、设计调查问卷、实地调研考察、召开研讨会征求意见建议等方式开展课题研究。在研究过程中虽困难重重，也曾痛苦纠结甚至闪过放弃念头，但我的丈夫帮助查找大量资料、主动分担家务为我排忧解难，我的女儿一直在身边为我加油鼓劲儿，各方面领导、专家、企事业单位管理者和一线科研人员都给了我热情帮助和大力支持，更加温暖了我，鼓励了我，给了我信心和力量！

随着课题研究的不断深入，我愈发认识到推动高校科技成果转化极为重要、十分必要、非常紧迫，于政府、高校、企业都益处多多。对政府而言，推动科技成果转化是落实"科学技术是第一生产力"的关键，是科技与经济相结合促进经济高质量发展最直接、最有效的形式；对高校而言，推动科技成果转化是发挥高校人才优势、科研优势，提升高校科技成果创新产业链发展的必然选择；对企业而言，推动科技成果转化是企业创新的直接动力，是企业提高核心竞争力、提升品牌优势、成本优势，确保企业健康发展的重要举措。伴随课题研究成果相继成型，出一本书的念头在我脑海一闪而过，这一念头着实吓了自己一跳，从未奢望、不敢妄想出书的我，辗转难以入睡。骨子里追求上进的我，还是尝试努力前行。在慢慢地梳理课题研究相关资料、阶段性研究成果的过程中，我觉得越来越顺畅，竟然列出了十章内容，审视起来信心倍增。我利用寒假的时间，废寝忘食逐字逐句敲入电脑，十几万字的书稿跃然纸上。当书稿送到出版社审阅时，得到了孙志强编辑、方志强编辑的指导和鼓励，真诚感谢他们。同时又进行了反复推敲修改，书稿似乎更加成熟。

《高校科技成果转化对策研究》以高校科技成果转化对策研究为主线，全书分为十章，包括分析发展历程、借鉴先进经验、剖析典型案例、梳理政策举措、总结取得成效、分析现状问题、提出对策建议等内容。本书突出特色是：在摸清高校科技成果转化现状、企业需求科技成果现状的同时，立足政府、高校、企业提出具有前瞻性、系统性、针对性、可操作性的十方面对策建议。在课题研究和总结过程中，我意识到，典型案例的收集还不够全面，先进模式的总结还不够深入，在对策建议等方面还有待深入学习研究。同时，通过这次系统研究课题，使研究成果慢慢汇聚成书稿的亲身经历，我深深体会到只有想不到的事，没有做不到的事。正如毛泽东主席在《水调歌头·重上井冈山》所讲："世上无难事，只要肯登攀。"我会坚定扎实地走好自己的人生之路。珍惜当下，坚持努力，不求多么辉煌，但求无愧我心。

河北建材职业技术学院党委书记丁志华为我作序，于我而言，起初着实惊喜和意外，但细品丁志华书记的为人处世与工作追求也在情理之中。因为丁志华书记经常教育引导大家努力上进追求一流，所以他用为我作序这种方式表达对我和年轻教师的鼓励支持。我非常理解并十分感谢，也特别感谢为本课题立项研究给予支持、为本书出版给予帮助的所有人。

东风总会来，春天花会开。我人生的第一本小书像一朵艳丽的小花绽放在 2021 年的春天。我想用这本书的出版，纪念自己三十多年的人生岁月，感恩父母的养育之恩，回报公婆的呵护之情，回馈老师、领导、同人、好友的关爱之情，感谢丈夫的无私支持，更想以此做女儿的榜样，陪伴祝福她成长！也想以此感谢和祝福这个伟大时代！

记录成长历程，领悟生命意义，

感恩所有情谊，留下永久记忆，

开启崭新征程，书写精彩人生。

是为序。

2021 年 2 月 15 日于秦皇岛

目 录

第一章 课题研究的背景意义及内容 1
 一、研究的背景 1
 二、研究的意义 2
 三、研究的内容 2

第二章 国际国内科技成果转化现状 4
 一、国际科技成果转化现状分析 4
 二、国内科技成果转化现状分析 15

第三章 高校科技成果转化现状分析 24
 一、驻秦高校科技成果转化现状分析 25
 二、秦皇岛市企业科技成果转化现状分析 55

第四章 高校对科技成果转化的建议 84
 一、搭建校企合作平台 84
 二、建立中试基地和校办科技产业 85
 三、政府加大专项资金投资力度 85
 四、出台科技成果转化的利好政策 85
 五、办好办实科技成果直通车活动 86
 六、定期组织高校专家企业行活动 86
 七、高校建立完善的科技成果转化综合体系 87

八、完善科技成果转化的中介服务环节 87
九、提升高校科研能力和水平 87
十、完善科技成果转化的考核评价制度 88
十一、高校加大科技成果转化工作的支持力度 89

第五章　政府推动科技成果转化措施 90
一、市财政局推动科技成果转化措施 90
二、市国家税务局推动科技成果转化措施 91
三、市科技局联合市财政局、市人力资源社会保障局、市工业和信息
化局推动科技成果转化措施 92
四、市委组织部联合市科技局、市发展改革委、市财政局、市人力资
源和社会保障局、市工业和信息化局推动科技成果转化措施 .. 93
五、市编委办推动科技成果转化措施 94
六、市金融办推动科技成果转化措施 95
七、市食品和市场监督管理局推动科技成果转化措施 95
八、市公安局推动科技成果转化措施 96
九、市政府政务服务中心推动科技成果转化措施 96
十、市质监局推动科技成果转化措施 96
十一、市住房保障和房产管理局推动科技成果转化措施 97
十二、市农业局推动科技成果转化措施 98
十三、市地税局推动科技成果转化措施 100
十四、市工业和信息化局推动科技成果转化措施 101
十五、市审计局推动科技成果转化措施 102
十六、市教育局联合市科技局、市人力资源社会保障局、市财政局
推动科技成果转化措施 102

第六章　科技成果转化典型案例研究 105
- 一、成果所有权创新——职务科技成果所有权混合所有制改革 105
- 二、转化模式的创新——"企业长期投资基础研究+专利转让"校企协同创新模式 106
- 三、转化模式的创新——"平台模式——构建硬科技转化平台，打造硬科技生态系统" 107
- 四、转化模式的创新——一所两制+合同科研+项目经理+股权激励 107
- 五、转化模式的创新——先投后奖+政策会诊 108
- 六、转化模式的创新——"基金-协同创新中心-研究所"三元耦合模式 109
- 七、以成果为导向的考核机制——构建以代表作制为核心的科研评价体系 110
- 八、成果收益分配机制创新 110
- 九、项目来源政策激励模式创新 111
- 十、实施专利许可提高科技成果转化率 111
- 十一、促进专利转让，推动产业升级 112
- 十二、鼓励创造发明专利，助力创新发展 113

第七章　提高科技成果转化成功经验 115
- 一、燕山大学推动科技成果转化思路举措 115
- 二、东北大学秦皇岛分校推动科技成果转化思路举措 116
- 三、河北环境工程学院推动科技成果转化思路举措 118
- 四、河北建材职业技术学院推动科技成果转化思路举措 119
- 五、河北对外经贸职业学院推动科技成果转化思路举措 121
- 六、秦皇岛职业技术学院推动科技成果转化思路举措 121

第八章　推动高校科技成果转化对策 123
　　一、建立科技成果供需数据平台 123
　　二、建立科技创新发展研究机构 124
　　三、建立科技成果转化中试基地 125
　　四、建立科技成果转化评价机制 126
　　五、出台科技成果转化优惠政策 127
　　六、加强科技中介服务组织建设 127
　　七、激发高校科技成果转化活力 128
　　八、强化企业科技成果转化责任 129
　　九、打造科技成果转化示范工程 130
　　十、加强科技成果转化组织领导 130

第九章　高校推动科技成果转化措施 132
　　一、燕山大学推动科技成果转化措施 132
　　二、东北大学秦皇岛分校推动科技成果转化措施 135
　　三、东北石油大学秦皇岛校区推动科技成果转化措施 139

第十章　驻秦高等院校基本情况概述 144
　　一、燕山大学基本情况及科研团队概述 144
　　二、东北大学秦皇岛分校基本情况及科研团队概述 150
　　三、河北科技师范学院基本情况及科研团队概述 158
　　四、河北环境工程学院基本情况及科研团队概述 162
　　五、河北建材职业技术学院基本情况及科研团队概述 166
　　六、东北石油大学秦皇岛校区基本情况及科研团队概述 169
　　七、秦皇岛职业技术学院基本情况及科研团队概述 171
　　八、河北对外经贸职业学院基本情况概述 172

九、河北农业大学海洋学院基本情况概述..................173

参考文献..................175

附录..................180
　　附录一　改革开放以来国家颁布的部分与高校科技成果转化有关的
　　　　　　法律法规和规章制度..................180
　　附录二　近年来河北省颁布的部分与高校科技成果转化有关的政策
　　　　　　文件..................186
　　附录三　近年来秦皇岛市颁布的部分与高校科技成果转化有关的
　　　　　　政策文件..................188
　　附录四　驻秦高校科技成果转化情况调查问卷..................192
　　附录五　秦皇岛市企业科技成果转化情况调查问卷..................196

第一章 课题研究的背景意义及内容

一、研究的背景

习近平总书记指出:"科技创新绝不仅仅是实验室里的研究,而是必须将科技创新成果转化为推动经济社会发展的现实动力。"党的十八大以来,习近平总书记把创新摆在国家发展全局的核心位置,高度重视科技创新,提出一系列新思想、新论断、新要求。党的十九届五中全会提出"坚持创新在我国现代化建设全局中的核心地位,把科技自立自强作为国家发展的战略支撑"。秦皇岛市委、市政府和市科技部门认真贯彻落实习近平总书记和党中央关于科技创新的系列讲话精神。多年来,秦皇岛市委、市政府高度重视科技创新工作,特别是在驻秦高校科技成果转化方面做了许多努力,取得了较大成果,推动了秦皇岛产业升级和结构调整,发挥高校服务地方经济社会发展的作用,为建设沿海强市、美丽港城和国际化城市作出了贡献。现秦皇岛拥有10所高校,近1万名教师和10万名大学生。人才优势、科技优势、信息优势十分明显,人才培养方向和秦皇岛产业高度契合。但是和秦皇岛市经济社会高质量发展的现实要求比,和加强创新型城市建设的客观需求比,和各高校为地方发展服务的能力愿望比,仍有较大的差距和极大的发展空间。因此,改善和提高高校科技成果在秦皇岛的转化数量、转化质量、转化成效以及转化环境是具有重要性、必要性和紧迫性的问题。

二、研究的意义

研究的基本价值和意义主要体现在以下方面：

（1）摸清秦皇岛市各高等院校近年来取得的科技成果和转化情况的现状以及全市各行业、产业以及企事业单位的需求。

（2）通过调查、汇总、分析，概括、提炼出一些具有良好借鉴和复制价值的成果转化典型案例，充分发挥成功经验辐射带动作用，总结可复制、可推广的经验模式。

（3）通过梳理、总结国际国内推动科技成果现状及推动科技成果转化的政策文件，有利于建立健全科技成果转化机制，有力调控科技成果转化工作体系。

（4）通过调查、征集、分析科技成果转化调查问卷反映的各种问题和建议，更加明确了科技成果转化的薄弱环节和政策梗阻，进一步明确破解"堵点"和"痛点"的有效路径并提出具有操作性、可行性的对策建议。

三、研究的内容

研究内容主要围绕以下方面：

（1）各高校近三年来科技成果转化情况，包括转化数量、在秦转化情况以及转化效果。

（2）全市各县区以及企事业单位需求科技成果情况。

（3）高校和各单位成功合作案例，特别是科技成果转化的成功做法及经验。

（4）高校科技成果转化过程中的难点问题。

（5）外地推动科技成果转化的先进经验及成功做法。

（6）上级推动高校科技成果转化的政策措施。

（7）高校、县区政府、市政府有关部门以及企事业单位有关推动高校科技成果转化的对策建议。

（8）专家、学者以及企业管理人员有关推动高校科技成果转化的思考和建议。

（9）针对政府、高校、企业在科技成果转化过程中存在的问题提出具有针对性、操作性、可行性的对策建议。

第二章　国际国内科技成果转化现状

一、国际科技成果转化现状分析

西方国家高校科技成果转化活动已有 100 多年的历史，1862 年美国颁布《莫里尔赠地法案》开启了高校为地方和社会提供技术服务的大门。美国、英国、日本等国家在推动高校科技成果转化工作的实践发展中积累了丰富的经验，值得我们学习和借鉴。

1.美国高校科技成果转化的实践

美国是国际上提出科技成果转化最早的国家，也是科技成果转化最成功的国家之一。美国拥有 300 多名诺贝尔奖获得者，居世界各国之首，美国大学汇集了全球 70%以上的诺贝尔奖获得者。20 世纪 80 年代以来，为了进一步加快科技成果转化为现实生产力的进程，加快新技术开发和技术转移，美国政府先后制定实施了一系列法律法规，建立了比较完善的政策体系。美国的科技体系属于多元分散型，美国负责科技成果转化工作的政府部门主要是商务部和国家专利局（USPTO），其他机构有国家技术转移中心（NTTC）、联邦实验室技术转移联合体（FLC）、国家标准和技术研究院（NIST）、国家电信与信息管理局（NTIA）、国家技术信息服务中心（NTIS）、国家科学技术委员会（NSTC）及国家产业技术委员会等。美国开展科学研究和技术开发主要有 4 种组织形式：一是基础研究主要由有研究能力的大学承担。美国现有 3500 多所大学，有研究能力的大学约为 450 所，主要承担国家的基础研究任务，而 80%的研究成果是由拥有雄厚师资力量的哈佛大学、耶鲁大学、麻省理工学院、斯坦福大学等 100 多所研究型大学完成的。二是由国家建立的研究院所和重点实验室（即联邦实验室）承担与国家利益相关的重大科研项目，这些研究院所和重点实验室隶属于美国能源部、国防部、航天局、农业部、商业部、卫生与人类健康服务部等部门。三是由企业和公司设立的研究机构主要承担技术应用研究。四是农业领域的研究除农业部直属研究院所和重点实验室承担全国性研究项目外，各地方州组织进行地域性研究项目。

美国政府通过制订科技计划来促进高校科技成果转化。1988 年提出"先进技术计划"（Advanced Technology Program，ATP），ATP 是政府、产业部门和学术界合作的联邦研发计划，由美国商务部标准技术研究院（NIST）管理，于 1990 年开始实施，2007 年结束。该计划的宗旨是通过政府与工业界分担研发成本，资助私营部门难以独立承担的高风险性研发项目，加速技术的开发和商业化，增加美国的高收入就业，带动美国经济的增长和产业界的竞争力提升。计划资助项目分布在先进材料及化学、信息技术、电子通信、生物技术四个领域。截至 2007 年，该计划共支持了 824 个项目，资助总额达 24 亿美元，直接和间接参与单位为企业、高校、科研机构等 1581 家，是实现美国技术发展战略转型的一项重要计划。1992 年，美国国会通过《小企业技术转移法》的同时，设立了"小企业技术转移研究计划"，把中小企业的经营技能与高校和科研机构的研发优势有机结合起来，使技术成果能更有效地从实验室转移到市场。（陶蕊，翟启江，2018）

美国政府通过建立研究中心来促进高校科技成果转化。美国国家科学基金会（National Science Foundation，NSF）陆续资助大学建立了"大学、产业合作研究中心""工程研究中心"和"科学技术中心"，这些中心都承担着交叉学科研发和人才培养双重任务，它们依次配置在基础研究、应用研究和技术开发三个环节上，从科技成果的产生、中试，直到商品化，形成前后衔接、环环相扣的有机链条，为美国产业的短期和中长期发展提供源源不断的动力。

美国政府通过成立美国联邦实验室技术转移联合体来促进高校科技成果转化。1974年，美国联邦实验室技术转移联合体（Federal Laboratory Consortium for Technology Transfer，FLC）成立，它是由700多家联邦实验室及其上级部门组成的全国性技术转移网络组织，涵盖了全美约六分之一的科学家，每个联邦实验室的研究和技术应用办公室（Office of Research and Technology Applications，ORTA）为FLC的代表，建立了美国大学和科研机构技术转移的另一个网络平台。平台服务的范围包括：为联邦实验室人员提供技术转移信息与经验交流的场所；为潜在合作伙伴提供信息咨询；组织联邦政府内有关人士探讨技术转移所涉及的一些复杂的政策和法律问题。1986年，国会通过的《联邦技术转移法》要求大部分联邦政府的研究机构和大学也加入联合体，为联邦、州和地方政府、工商企业和大学等提供技术转让信息和经验交流场所（许长青，2009）。1992年5月，美国国家技术转移中心（National Technology Transfer Center，NTTC）在西弗吉尼亚州惠灵顿成立，中心经费主要来自美国航空航天局（NASA）和联邦政府有关部门，目的在于提高科研成果转化效率，促进大学、国家实验室和私人研究机构的成果向产业界转移。

美国政府通过成立大学技术转移机构来促进高校科技成果转化。大学技术管理人协会（Association of University Technology Managers，AUTM）是美国大学技术转移机构的行业性组织，其前身是于1974年成立的美国大学专利管理者协会（Society University Patent Administrators，SUPA），该协会于1989年正式更名为AUTM。AUTM的主要职能包括举办各类培训和技术转移专业活动、出版技术转移专业出版物、构建信息网络平台、举办会员年会、年度统计调查等。目前，AUTM已经构建起了全球性的技术转移网络，拥有超过3200家专业会员单位，涵盖了高校、政府、商业机构等，其影响力远远大于一般性行业协会组织，已成为结合产官学研各界、致力推动知识产权经营管理与技术转移的国际化组织。

此外，美国还拥有大量技术转移行业组织，如技术转移协会（Technology

Transfer Society，TTS)、许可执行协会(Licensing Enforcement Society，LES)、政府-大学-产业研究圆桌会议（Government University Industry Research Round Table，GUIRR）、大学经济发展联合会（University Economic Development Association，UEDA)、国家商业孵化联合会（National Business Incubation Association，NBIA)、国家种子和风险基金联合会（National Federation of Seed and Risk Funds，NFSRF)、国家小型工商投资企业联合会（National Federation of Small Business Investment Enterprises，NFSBIE)。（赵志耘，杜红亮，任昱仰，2012）

2.英国高校科技成果转化的实践

英国是最早实现工业化的国家，也是科学研究实力相当雄厚的国家，是世界上公认的科技创新强国之一。在世界最好的 200 所大学中，美国占据了 75 所，英国占据了 32 所，拥有牛津大学、剑桥大学、伦敦经济学院、帝国理工学院等世界著名的高等学府，其科学研究与发展一直保持着很高的水准。截至目前，英国获得诺贝尔奖人数 76 位，仅次于美国居世界第二。英国政府十分重视科学技术发展，提出将科学与技术创新作为英国经济社会发展政策的核心。英国政府科技管理主要部门和促进科技成果转化的核心部门是商务、创新和技能部（BIS)。（王仲成，2012）

1965 年，英国颁布了国家科技发展基本法——《科学技术法》，明确有关科学研究的责任和权力。于 1972 年、1978 年和 1980 年分别颁布了《应用研究合同法》《公正合同条款法》和《竞争法》，理顺技术转移的渠道，规定研究开发和技术转移的秩序，阻止非法垄断技术。1986 年，英国颁布《有条件的研究成果归属权改革方案》，规定研究机构在证明有能力实现成果商业化的前提下，政府资助研究项目产生的研究成果归执行项目的研究机构所有，否则仍归政府所有。1998 年 12 月，英国政府颁布了《我们竞争的未来——构筑知识经济》的"政府竞争力白皮书"，指出政府必须通过开放市场来促进竞争、激励创业、促进灵活性和创新，必须帮助企业建立创造性的伙伴关系，通过合作获得竞争优势。同年，英国政府发布的《高等教育机构和商务机构白皮书》中指出，政府政策优先支持源于大学科技园的科技型企业。1993年5月和1994年4月制定出台了英国政府科技发展的两个标志性文件，英国政府的科技白皮书《实现我们的潜能——科学、工程与技术战略》和英国政府的年度科技报告《政府资助的科学、工程与技术展望》。2000年，《卓越和机会——面向21世纪科技与创新政策》白皮书明确指出，英国政府在大力建设适合科技创新的环境和体制的同时，要积极鼓励国家科研机构和大学与企业合作，建立区域创新基金，完善中小企业知识产权制度。于2002年发布的《为创新投资——科学、工程与技术的发展战略》白皮书对促进知识与技术转移、鼓励企业创新等作了详细阐述（刘正平，2005）。2008年3月，英国创新、大学和技能部发布了一份题为《创新国家》的白皮书，从政府的作用、需求创新、支持企业创新、国际创新、人才创新及公共部分创新等角度出发，具体地介绍了英国的创新政策和战略。白皮书提出了英国政府的远大目标，即将英国建设成为一个创新无处不在的国家。于2011年发布的《政府创新和研究战略》，提出了通过对研究与创新进行投资来促进英国经济增长的政府计划（夏杨燕，程晋宽，2019）。

英国除了现行的科技政策外，还有政府制订的各科技计划和各行业管理部门制订的科研计划。现行科研计划包括：技术预测计划、"发挥我们的潜能"奖励计划、科学与工程合作奖励计划、"联系"计划、奖励中小型企业参与研究与技术计划和公众认知计划等。

（1）技术预测计划（亦称"前瞻计划"）。技术预测计划是"英国政府致力于提高全社会竞争力和人民生活水平的核心"。该计划自1994年实施以来，较紧密地贯彻了科技白皮书中"必须加强科学、工程与技术和工业界关系"这一主题；促使企业家、工程师和科学家更好地了解彼此从事的工作，以发现未来10~20年内可能出现的技术挑战与市场机遇，确定面对如上机遇应采取的实际步骤。该计划涵盖了政府的科学、工程与技术优先发展领域，为指导政府制定与修改相关科技、产业发展政策提供了第一手材料。

（2）"发挥我们的潜能"奖励计划（The Realising Our Potential Award，ROPA）。该计划重点奖励已与工业界建立起良好合作关系的科研人员，特别是能从工业界取得各种资助以完成基础性或战略性科研课题的科研工作者。这类课题一般指"好奇性驱使"的研究。ROPA的奖励基金由各研究理事会负责管理。目前，ROPA已为1200个项目颁发了总计1.09亿英镑的奖金，包括在1997年6月以来为233个新项目颁发的0.195亿英镑。

（3）科学与工程合作奖励计划（CASE）。该计划是由政府提供CASE基金，通过各研究理事会资助在校学生参与工业界主导的各科研项目研究。

（4）"联系"计划（Link）。该计划是以支持所谓"有价值"的发明和以提高人民生活质量为目的的实用科技研究，促进在工业界与高教机构、有关科研等单位在商业开发项目上的密切关系。政府及各研究理事会共同为该计划的项目提供50%的经费，其余由工业界承担。目前，Link包括61个子计划，1000多个项目，有1000多家企业（350个左右为中小型企业）和200多家科研单位参与其项目的研究，投入资金4.88亿英镑。

（5）奖励中小型企业参与研究与技术计划（SMART）。1997年4月，英国政府向社会推出了新的独立运作的SMART计划。该计划的主要内容为：少于50名雇员的企业，它们只趋向于可做一些可行性或技术更新方面的研究，政府为此最多可资助项目预算的75%或4.5英镑；少于250名雇员的中型企业，它们可参与一些开发项目的竞争（如新产品及其生产过程的预生产研究等），政府可给予最多不超过项目预算30%或20万欧洲货币单位（约合14.7英镑）的资助。鼓励企业申请SMART奖金，可以确保被资助项目完成其全部商业性开发。截至目前，政府共资助约2500多个类似的项目。

（6）公众认知计划（Public Awareness）。这是一个科普计划，主要用于提高人们对科学、工程与技术为英国经济繁荣和生活水平提高所起作用的认识水平；提高公众对一些科学术语、概念和事物等的理解水准；同时，鼓励年轻一代从事与科学和工程相关的职业。该计划主要是支持并资助英

国科技促进协会等组织的有关活动。（刘瑞芹，2006）

英国将创新活动与风险资本结合。通过设立企业资本基金计划（Enterprise Capital Fund Program，ECF）和地区增长基金（Regional Growth Fund，RGF）提供投资基金，资助企业创新和产学研活动；通过种子企业投资计划（Seed Enterprise Investment Scheme，SEIS）鼓励企业新技术前期开发；加强与美国政府、美国风险投资协会的合作，提升英国创新型企业的投资。（刘瑞芹，2006）

英国政府鼓励科技成果转化和产学研结合。一是制订专门促进高校科技成果转化的计划。英国促进高校科技成果转化的主要计划包括教学公司计划（Teaching Company Scheme）、联系计划（Link Collaborative Research Scheme）、法拉第合作伙伴关系计划（Faraday Partnerships Initiative）、院校与企业合作伙伴计划（College-business Partnerships Scheme）、知识转移合作伙伴计划（Knowledge Transfer Partnerships Scheme）等。二是设立专项技术知识转移基金。2001年，英国政府与维康信托基金会和盖茨比（Gatsby）慈善基金会合作推出一项总额为4500万英镑的大学挑战基金，帮助大学建立起自己的种子基金，对高校研究成果转化的最初阶段进行支持，为大学科技成果衍生企业提供支持，推动大学基础研究和应用研究的商业化。英国政府创建科学企业挑战基金，投资建立8个大学创业中心，配备一流设施，对研发人员创意形成到技术商业化整个过程给予支持，在学术研究中培养科学创业精神，并将这种精神融入大学的科学及工程教育之中。英国政府还建立了高等教育创新基金。支持在大学周围建立各种科技网络群，支持各大学内部建立专门机构从事专利申请与保护、资金启动、公司筹建和市场开发等活动。三是构筑区域技术交流网络。政府通过帮助构建区域技术交流网络来促进科技成果转化，其中最具有代表意义的是伦敦技术网络。2001年，由英国高等教育创新基金资助，将世界各地的公司与伦敦各大学技术专家联系起来，其目的是在伦敦地区构筑一个区域技术交流网络，以帮助技术密集型企业更有效、更迅速地从大学的科研创新中获得技术和知识。伦敦技术网络（LTN）的运作方式是让伦敦的各大学推荐科研第一线的教师兼职联络员，对他们进行短期商业培训，联络员收集整理各自所在大学的研究成果信息，将研究成果信息通过计算机网络发布。此外，伦敦技术网络（LTN）还不定期地举办技术交流会，向企业宣传大学的研究成果。伦敦技术网络（LTN）还注重与欧洲其他国家的技术交流，下设创新传播中心，通过该中心与欧洲大陆31个国家的创新传播中心连接在一起，使科技交流范围更加广泛。四是加强技术转移专业人才培养。英国政府、社会和各高校对加强技术转移专业人才培养非常重视，不断加强对科技成果转化从业人员教育和培训，通过设置科技成果转化专业培训项目，逐步建立一支科学素质高、市场意识强、专业知识博、信息渠道宽、公共关系强的科技成果转化队伍。（程如烟，黄军英，2007）

3.日本推动科技成果转化的实践

20世纪50年代，日本政府确立了技术立国的发展战略。在20世纪90年代，日本政府将技术创新确立为立国战略，开始关注高校科技成果转化问题。为了使高校的科研成果尽快转化为现实生产力，日本政府先后制定实施了一系列法律法规和政策措施，形成了比较完善的法律政策体系及有利于科技成果转化的制度环境，探索形成了日本高校科技成果转化的基本模式。日本有512所高等学校，590所职业技术学校，在校大学生约240万人，教员约15万人。从体制上看，日本的高校可分为国立大学、公立大学、私立大学三种类型。日本高校除了为社会培养和输送各类人才外，还承担着大量以基础研究为主的科研任务，每年的成果产出量达成千上万项。（李晓慧，贺德方，彭洁，2018）

1886年颁布的《帝国大学令》中就提出"帝国大学以传授适应国家需要之学术技艺并研究其蕴奥为目的"。该法令将应用导向的工科大学置于重要位置，在制度和组织上为大学移植西方科学技术奠定了基础（丁建洋，2011）。1983年，日本文部科学省建立了大学与民间企业的共同研究制度，其宗旨是促进高等院校与民间企业等开展共同研究；1986年，日本制定了

《研究交流促进法》；1987年，日本内阁颁布《关于产学官以及与外国的研究交流促进的相关制度运用的基本方针》。1998年5月，日本政府依据1995年制定的《科学技术基本法》原则，制定颁布了《大学技术转让促进法》（Technology Licensing Organization，简称TLO法)，该法促进了大学科技成果转化、技术创新和技术转让，还确立了政府从制度与资金方面对高校科技成果转化工作机构支持与资助的责任，明确规定高校设立的科技成果转化机构，可以直接从政府获得活动经费和人员派遣的支持。该法的实行，使有研究能力的大学纷纷建立起自己的TLO机构，但由政府资助的科研项目成果产生的知识产权仍归政府所有的法律规定并没有改变，影响了高校和研发人员参与成果转化工作的积极性，限制了TLO机构的业务发展和经营范围，降低了高校科技成果转化和技术创新的效率。1999年10月，日本政府制定颁布《产业活力再生特别措施法》，规定高校利用政府经费完成的科研项目，其成果开发获得的专利所有权完全归学校所有。该法在实行过程中非常有利于促进具有独立法人资格的私立大学和公立大学开展成果转化、技术创新和技术转让，但却不利于没有独立法人资格的国立大学对政府资助的研究成果所取得的知识产权进行自主经营与管理，在一定程度上限制了国立大学对科研成果实施转化与转让的积极性。2003年，完成对国立研究机构等的独立行政法人化改革后，2004年4月起，根据《国立大学法人法》《独立行政法人国立高等专门学校机构法》《独立行政法人大学评价——学位授予机构法》等6部法律的相关规定，使国立大学获得了独立法人资格，取得了对自己研发的所有科研成果的转化、转让的自主权，可以将成果转化、转让产生的全部收益由学校自主经营管理，而不再纳入政府的财政预算。该法的实施大大加快了日本国立大学的科技成果转化开发和向企业的技术转让。2006年，为了进一步强化高校与企业界的合作，日本政府对《教育基本法》进行了修订，提出了高校应通过转让自己科研成果的方式，向企业和社会作出更大的贡献，进一步增强高校为经济社会发展服务的功能。该法修正案的公布实施，有力地促进了高校与企业的技术

合作和相互交流，促进了高校科技成果的有效转化与转让。（张晓东，2010）

除以上法律外，有利于日本高校科技成果转化和技术转让的法律法规还有《技术转移法》（1999年）、《产业技术强化法》（2000年）、《知识产权基本法》（2002年）、《专利法》（2005年）。

日本文部科学省是推动日本科学技术发展及其产业化，包括高校科技成果转化的主要政府部门。文部科学省下设的日本科学技术振兴机构（Japan Science and Technology Agency，JST）是一个专门的独立行政法人机构，给予大学专利申请、人才培养、技术转移咨询、专利实施、展览会举办等方面的支援（时临云，张宏武，侯晓飞，孙傲，2010）。独立行政法人机构日本学术振兴会（Japan Society for the Promotion of Science，JSPS）是另一个重要的技术转移推动机构，其职责主要通过实施大学与产业界的研究合作计划来实现（任昱仰，赵志耘，杜红亮，2012）。

日本科技成果转化体系内的成员包括地域共同研究中心、大学知识财产本部、大学技术转移机构、产学官合作协调员、社团组织等。地域共同研究中心是设立在大学以推进产学共同研究为目的的机构。除了提供研究场所和条件外，地域共同研究中心还开展技术研修、技术咨询、研究信息提供等各种活动，具有通过开发先进技术促进区域经济发展的功能。大学知识财产本部是以对大学知识财产的创造、管理、利用为目的，从2003年开始在全国各大学设置的产学合作窗口机构。日本在全国选择了43家大学设立知识财产本部，主要业务内容包括知识产权政策等各项制度建设，以及确保从事知识产权活动人才的组织体制建设。大学技术转移机构是将大学的研究成果专利化并向企业转移的、在产学之间起着中介作用的组织。日本正在探索大学技术转移组织与大学知识财产本部的最佳合作方式，试图构建起最佳的知识产权管理、利用体制和技术转移体制。产学官合作协调员由日本文部科学省于2001年起在大学配备，以解决大学在共同研究的策划、契约、涉外等方面缺乏具有专门知识和实务经验人才的问题。协调员的作用可以分为三个层次：第一层次主要包括大学学术源和企业需求的把握、发掘和协调，研究成果的技术转移、商业化建议等。第二层次主要包括大学内外产学官合作体制构建的支援、产学官合作项目的策划和建议、教职员工产学合作意识培育的宣传等。第三层次主要包括区域合作体系的构建支援，利用全国性网络对应产业界的广泛需求以及通过学术源泉创造、鉴别来促进学术成果与产业化的联系等。日本的社会团体组织积极参与技术转移工作，或者针对技术转移等而设立，比较有代表性的是一般社团法人大学技术转移协会（University Technology Transfer Association，Japan，UNITT）和一般社团法人发明推进协会（Japan Institute of Invention and Innovation，JIII）等。UNITT的目标是推动高等教育机构、TLO和个人与机构保持更加紧密的伙伴关系，继而促进日本的学术发展、技术进步和产业发展。截至2012年3月，UNITT核心成员包括39所大学的知识产权管理办公室和26所大学技术转移机构。JIII成立于1904年，宗旨是增强日本原始创新能力，促进科技成果的商业化应用，传播和发展工业产权制度，从而推动科技发展和促进经济发展。目前JIII在全国47个地方都建有地区办公室，拥有11000多个成员单位。

日本政府先后出台一系列科技计划促进产学研合作和科技成果转化。2001年，日本经济产业省开始实施中小企业支援型研发事业计划，促使企业与日本产业技术综合研究所合作开展研究。2003年，新能源产业技术综合开发机构开始实施产业技术研究培育事业计划，青年研究人员和中小企业相结合组成研究团队，解决企业提出的技术问题，都有望获得资助和补贴。日本第三期科学技术基本计划（2006—2010年）提出要深化其科技体系改革，通过提升大学创新力、建立地区创新体系和虚拟地区等方式促进科技发展与持续创新。日本文部科学省还根据第三期科技基本计划的相关要求，先后出台了"产学共同研究成果创新化事业""独创性研究成果实用化事业"和"产学研合作活动高度化促进事业"三项计划促进科技成果转化。

此外，日本通过实施一批重大项目推进产学研合作，促进科技成果转化。例如，日本的超大规模集成电路计划，该计划由通产省所属的电子综合技术研究所牵头，与富士通、日立、三菱、日本电气、东芝五家大公司组成"超大规模集成电路技术研究协会"，并设立共同研究所。其他研究计划还包括第五代计算机计划、现实世界计算机研究计划等。（肖洪，1980）

二、国内科技成果转化现状分析

为客观分析我国高校科技成果转化工作的发展水平，本部分主要从国家、河北省、秦皇岛市对推动高校科技成果转化工作出台的法律法规、规章制度、标志性事件、实践成果等进行梳理总结，全面、系统地阐述我国、河北省、秦皇岛市科技工作以及高校科技成果转化的发展历程及实践成果。

1. 国家推动科技成果转化工作的历程

1978年3月18日，邓小平同志在全国科学大会开幕式上重申知识分子是工人阶级的一部分和"科学技术是生产力"这一马克思主义基本观点，1988年9月12日，邓小平同志提出科学技术是第一生产力的科学论断。1995年，江泽民同志在全国科技大会上指出"创新是一个民族进步的灵魂"。2006年，胡锦涛同志在全国科学技术大会上提出走中国特色自主创新道路。习近平总书记在2014年两院院士大会上提出，科技成果只有同国家需要、人民要求、市场需求相结合，完成从科学研究、实验开发、推广应用三级跳，才能真正实现创新价值、实现创新驱动发展。这些重要论断使我们对科学技术发展规律的认识不断深化，为科技成果转化指明了方向。

改革开放以来，中国科技成果转化领域发生了极大的变化，围绕科技体制改革，为高校院所和企业、科技人员松绑，采取财政、税收、金融等扶持措施，制定修订法律法规，建立健全科技成果转化服务体系等多个方面促进科技成果转化。国家分别于1985年实施科技体制改革、1995年实施科教兴国战略、2006年建设创新型国家战略和2015年实施创新驱动发展战略。每一个决定或意见中都明确了科技成果转化的重要目标，对科技成果转化作出了战略部署，并提出新的财政、金融、税收、人才等方面的政策措施，建立并发展技术市场，支持民营科技企业、科技企业孵化器、高新技术产业开发区、生产力促进中心的创办与发展，实行高新技术企业税收优惠政策及其他相关税收优惠政策，推进战略性新兴产业发展等。这一系列的重要举措和重大历史事件，不断推进中国科技成果转化事业的深刻变革。

我国高校科技成果转化始于20世纪80年代，经历了30多年的发展历程，在这期间，与高校科技成果转化有关的国家法律、行政法规及部门规章从无到有，逐步发展与完善。20世纪90年代，我国高校科技成果转化工作开始起步，各高校纷纷建立科技成果转化机构，主要是科技成果转化办公室，探索高校科技成果机构运行机制和转化模式。90年代末，一些高校开始成立专职从事高校科技成果转化的技术转移中心。2001年9月，国家经贸委和教育部联合颁布《关于在部分高等学校建立国家技术转移中心的通知》，批准清华大学、上海交通大学、西安交通大学、华东理工大学、华中科技大学、四川大学6所基础较好、科技力量较强、科研成果比较多的高校成立国家技术转移中心。在2008年科技部发布的《关于公布首批国家技术转移示范机构的通知》中，共有17所高校获得首批国家技术转移示范机构认定。在2009年科技部发布的《关于确定武汉大学技术转移中心等58家机构为第二批国家技术转移示范机构的通知》中，共有13所高校技术转移机构获得认定。在2011年发布的《关于确定中国技术交易所有限公司等68家机构为第三批国家技术转移示范机构的通知》中，又有12所高校机构获得认定。目前全国共有6批125家高校技术转移机构或依托高校的专职技术转移机构被认定为国家技术转移示范机构。

在推动我国科技事业发展进程中具有里程碑意义的分别是：1996年颁布的《促进科研成果转化法》是指导我国高校科技成果转化的纲领性文件；1999年颁布的《关于促进科研成果转化的若干规定》对高校职务科技成果完成人和在成果转化中作出贡献的其他人员奖励作出了具体规定；2007年12月29日，第十届全国人民代表大会常务委员会第三十一次会议通过了

《科学技术进步法》的修订；2015年8月29日，全国人民代表大会常务委员会通过对《促进科技成果转化法》的修订，在扩大高校自主权的同时，对高校科技成果管理与转化提出了更高要求，对完善我国职务发明法律体系、解决我国科技成果转化体制机制问题、促进高校科技成果转化具有非常重要的意义。2016年8月5日，《教育部、科技部关于加强高等学校科技成果转移转化工作的若干意见》正式发布，明确下放科技成果使用、处置和收益权，并进一步完善科技成果转化收益分配机制、建立健全科技成果转化工作机制，对我国高校有很强的指导和促进作用。2018年，教育部关于印发《高等学校科技成果转化和技术转移基地认定暂行办法》的通知，以服务国家重大区域发展战略和经济社会发展需求为导向，充分发挥科技创新对高校人才培养和"双一流"建设的带动作用，打造一批体系健全、机制创新、市场导向的高校科技成果转化和技术转移平台，结合实际开展体制机制探索，形成一批可复制、可推广的经验做法，促进高校科技成果转移转化能力明显提升，各具特色的高校科技成果转移转化体系逐步建立和完善。（吴寿仁，2018）

2.河北省推动科技成果转化工作的成效

2014年2月26日，习近平总书记在北京主持召开了实施京津冀协同发展重大国家战略座谈会。会上习近平总书记发表了重要讲话，全面深刻阐述了实施京津冀协同发展战略的重大意义、推进思路、目标蓝图、重点任务和工作举措，并提出了"七个着力"的重要要求。2015年4月30日，中共中央政治局会议审议通过《京津冀协同发展规划纲要》，《纲要》明确了京津冀的功能定位，北京市为"全国政治中心、文化中心、国际交往中心、科技创新中心"；天津市为"全国先进制造研发基地、北方国际航运核心区、金融创新运营示范区、改革开放先行区"；河北省为"全国现代商贸物流重要基地、产业转型升级试验区、新型城镇化与城乡统筹示范区、京津冀生态环境支撑区"。特别指出，要打造"京津研发、河北转化"的创新链条。《纲要》还明确了京津冀科技功能定位、协同发展目标、重点领域和重大措施，为推动京津冀科技创新协同发展提供了行动纲领和基本遵循。

5年来，在以习近平同志为核心的党中央的坚强领导下，京津冀协同发展取得了重要成果，雄安新区和北京城市副中心规划建设有序推进，北京非首都功能疏解积极稳妥开展，交通、生态、产业等重点领域实现了率先突破。河北省委省政府站位全局，抢抓机遇，在推动京津冀协同发展战略中不断推动河北经济社会高质量发展。在推动京津冀协同发展中，河北创新发展成为协同发展主战场之一，取得了明显的成效。加快了京津冀协同共同体建设，2018年，河北省吸纳京津技术交易额204亿元，比上年增长25%，较2013年增长了4倍多。全力打造了京津科技成果转化示范区，实施"京津研发、河北转化"的创新协作新模式。协同创新顶层设计不断完善，建立了科技部主导下的京津冀协同创新"1+3"联动工作机制、定期会谈机制、创新统计调查机制；重大创新平台建设不断加强，加快建设"一南一北一环"三大创新平台，推动"河北、京南科技成果转移转化示范区"建设、打造"科技冬奥会绿色廊道"、对接《科技冬奥（2022）行动计划》、建设"环首都现代农业科技示范带"等；引进京津创新资源不断增多，探索一区多园、创新链合作模式、攻坚双创示范平台，与京津高校、科研单位及企业联合共建研发平台；科技创新资源共享和资质互认不断推进，三地科技和财政部门共同签署《京津冀科技创新券合协议》，河北制定出台《河北省高新技术企业跨区域整体搬迁资质认定实施细则》；科技成果转化孵化能力不断提高，制订印发工作方案、启动实施"52111"工程、建设技术转移支撑体系、深化京津冀节能环保技术工作联动。在科技创新引领下，京津冀高校科技成果工作也取得了长足发展，京津高校向河北转化的主动性、积极性明显提高，河北高校科技成果转化体制机制不断完善，转化方式方法更加灵活，搭建各种交流平台不断丰富，鼓励引进高校科技成果政策力度不断加强，河北高校科技成果转化的数量越来越多、质量越来越优、结构越来越合理，对推动河北产业结构调整起到积极的促进作用。

3.秦皇岛市推动科技成果转化工作的成效

在实施京津冀协同发展战略中,不断推动河北各市经济社会高质量发展。秦皇岛市委、市政府高度重视科技创新中的成果转化问题,以协同创新为抓手,以体制机制创新为手段,以成果转化平台为载体,释放高校院所创新活力,发挥金融在科技成果转化中的杠杆作用,努力探索加速科技成果转化工作的新路径,积极打通科技成果转化"最后一公里",为建设科技创新之城培植新动能、打造新引擎。

(1)坚持协同创新,科技成果转化驶入快车道。随着京津冀协同发展向纵深推进,科技成果转化将决定一个区域协同发展的深度和广度。秦皇岛市借力京津冀协同创新,集聚创新资源,搭建承接载体,争取更多京津科技资源优先向该市布局。一是京津优势科技资源在秦皇岛市进一步集聚。近年来,秦皇岛市与北京高科大学联盟、清华大学、中科院北京分院等22个京津高校院所签订了战略合作协议;清华大学、北京化工大学、天津大学等3个高校产业研究院在该市落地,中科院半导体所-纳川电子集成技术联合实验室等3个联合实验室在秦皇岛市成立;谭天伟、柳百合等院士率领一批高水平创新团队与该市企业开展了人才培养、联合攻关、成果推广等诸多务实合作。二是京津科技成果转化载体建设取得新突破。中关村海淀园秦皇岛分园揭牌成立,成为中关村海淀园在全国建立的首家分园,目前已有68个项目落地;中关村海淀园北戴河生态软件园完成了项目公司组建,起步区设计方案已完成;秦皇岛(中科院)技术创新成果转化基地已有中科院12个院所成立了16家实体企业;中国北京(海淀)留学人员创业园秦皇岛分园正式揭牌;京津冀地区最大的遥感航天产业园——中科遥感航天产业园基地项目在秦皇岛经济技术开发区正式开工,将吸引近百家科技型企业;北京化工大学环渤海生物产业研究院成果转化进入新阶段,5个产业化项目即将签约入驻研究院产业园。

(2)加强体制创新,打通科技成果转化"最后一公里"。解决创新各环节的信息不对称问题,使科技成果与企业需求紧密结合,是加速科技成果的转移转化,更好地转变为生产力最有效的手段之一。一是加大政策支持力度。秦皇岛市政府先后出台《关于促进高等学校和科研院所科技成果转化实施意见》等多项政策,并明确各项政策的牵头单位,公布责任人,加大政策落实力度。特别明确,研发团队或成果完成人在基地实施科技成果转化、转让获得的收益,其所得不低于90%;秦皇岛经济技术开发区专门出台支持成果转化的政策,并设立5000万元的项目专项资金和600万元的人才奖励资金支持成果转化;燕山大学为鼓励科研人员创新创业,加速科技成果转化,出台了《燕山大学科技成果转化管理办法(试行)》。二是强化科技成果转化信息服务。建设了"秦皇岛市科技创新服务中心"。提供9大服务板块、62个服务项目,有针对性地为高校成果转化、企业创新、人才创业等提供全流程服务。建设了"大型仪器共享""科技金融服务""知识产权服务"等创新平台,融合了"众创空间""创业孵化""科技信息"等创业平台,整合驻秦高校和科研院所大型仪器240台次上线服务。同步开发了"科技创新服务中心"微信订阅号,推出了"京津冀科技资源""企业优秀产品展示""专利价值分析"等特色服务项目。秦皇岛市科技局设立"科技创新卡",支持科技型企业购买技术、检测检验等服务。三是优化政务服务环境。在秦皇岛市政务服务中心实行科技项目领办制和绿色通道制度,领办员全程负责与相关部门的业务联系以及协调运转、跟踪督办、结果反馈,直至办结。秦皇岛经济技术开发区专门成立行政审批局,137项审批服务事项全部纳入服务大厅;开发区管委直属11个部门的74个行政许可事项划转到行政审批局,8个市直管部门的63个行政审批及服务事项也进驻审批大厅,实行一站式办公,一个窗口对外;审批印章由34枚削减为1枚,真正实现了一枚印章管审批。四是打造秦皇岛技术成果交易市场。2015年,秦皇岛市与中国技术交易所合作建设了"中国技术交易所秦皇岛技术成果交易市场",便利了驻秦高校科技成果面向全国市场的对接、交易和转化。同时,加快高校科技成果在秦皇岛市的应用、转化和示范。

(3)发挥主渠道作用,科技成果转化平台功能不断完善。抓好科技成果转化平台建设，各类创新主体和创新要素就有了桥梁和枢纽，优化创新要素资源配置就有了重要抓手。一是搭建承接平台。在秦皇岛经济技术开发区建设了数谷大厦和数谷翔园，作为承接成果转化项目落地的重要载体。数谷大厦总建筑面积4.6万平方米，数谷翔园建有46栋独立式办公楼，总建筑面积11万平方米，为吸引科技成果转化提供了完善的基础设施和成果转化平台。二是搭建"双创"平台。通过"政府+企业+高校+社会力量"多元主体驱动，建成一批低成本、便利化、全要素、开放式众创空间，打造创新创业的强磁场。已建成燕大创客学院、北岛博智、e谷创想空间、科泰创新工场等众创空间22家，其中1家为国家级、4家为省级，场地面积达27万平方米，拥有创业导师195个，培育创业团队179个，入驻企业327家。全市建有省级以上科技企业孵化器5家（其中国家级2家），孵化面积达到30余万平方米，在孵企业400余家。三是搭建科技研发平台。建设产业技术研究院、工程技术研究中心、重点实验室、企业技术中心、博士后工作站、院士工作站等市级以上科技研发平台135家，其中国家级工程技术研究中心1家、国家级重点实验室1家。2015年实际到位研发经费达3.5亿元；引进高层次人才97人，培养硕士以上科技人才2268人；取得发明专利439项，转化科技成果221项，大大提升了高校成果转化配套协作能力和企业自主创新的水平。四是完善生活保障平台。专门为高层次人才建设了人才公寓；与北京大学第三医院合作共建北京大学第三医院北戴河国际医院，与中国音乐学院附中联合建设"秦皇岛开发区恒达学校"，为创新创业者提供全方位的生活服务。

（4）深入推动校地合作，激发燕山大学等驻秦高校科技成果转化积极性。推进燕山大学等驻秦高校成果转化工作既是实施创新驱动、优化经济结构、转换发展动力的战略选择，又是落实"双创"战略、推动供给侧结构性改革、实现科技创新的现实要求。一是积极行动，推进校地合作。积极开展多种形式的校地合作推进会，出台鼓励成果转化的政策，极大地激发了驻秦高校科研人员开展成果转化的积极性、主动性和创造性。燕山大学等驻秦高校创新科技成果转化体制机制，打造科技成果转化平台，为科技成果顺利转化创造各种有利条件。燕山大学设立了技术转移中心，谋划建设了创客学院，出台了《燕山大学科技成果转化管理办法（试行）》；东北大学秦皇岛分校建设了创业大学，为高校创新创业者搭建舞台。河北建材职业技术学院制订了《服务秦皇岛五年行动计划》，确定了促进科技成果转化等十大工程，明确了 50 项具体工作。二是组织活动，搭建成果转化桥梁。从 2013 年起，秦皇岛市连续举办四届"秦皇岛科技周"活动，引进集聚更多京津科技创新资源，全面促进大众创业、万众创新。定期举办"燕山大学等驻秦高校成果发布会""京津冀高校院所成果发布会"等活动，实现政府需求、企业需求和高校服务供给的精准化对接，并组织企业参观考察燕山大学等驻秦高校的重点实验室和工程技术研究中心，与高校科研人员面对面交流，提高科技成果转化成功率；连续三年开展"京津冀大学生创新创业大赛"活动，营造成果转化氛围，吸引京津大学生到秦皇岛市创新创业；举办"支持高校院所科研人员创新创业政策解读会""创业辅导"等活动，宣传国家、省、市出台的创业政策，激发高校院所科技人员成果转化的动力。三是精准对接，开展校企深入合作。针对企业发展中的困难和问题，积极为企业与高校院所搭建成果转化桥梁。邀请高校的专家、教授深入企业，在研发机构建设、新产品研发、人才培养、科技成果转化应用等方面进行指导，取得一定成效，如：帮助华恒生物公司对接北京化工大学谭天伟院士领衔的生物制造团队，使双方在生物制造领域实现深度合作；帮助青龙县与北京化工大学秦皇岛环渤海生物产业研究院进行对接，使北京化工大学的科技成果在秦皇岛市实现产业化；等等。这些举措激发了高校院所科技成果转化的积极性，使校地合作走上规范化、科学化、制度化、高效化的轨道。

（5）撬动金融杠杆，促进科技成果资本化、产业化。发挥好科技成果转化过程中金融的杠杆作用，加大资金投入力度，拓宽资金供给渠道，促进科技成果资本化、产业化，是保持经济持续稳定增长的新动力。一是成立基金。市政府分别设立了规模为 1 亿元的新兴产业发展投资基金，规模为 1 亿元的中小微企业贷款风险补偿资金及规模为 1 亿元的科技型企业应急转贷资金；秦皇岛产业投资基金、意谷（秦皇岛）创投基金、秦皇岛赢创天使投资基金、秦皇岛信投股权投资基金等四支投资基金签约，财政资金的使用效益进一步增强，各类资金的政策引导和杠杆作用更加显著，为加快科技成果转化、促进科技型企业快速发展注入更多的源头活水。二是成立科技银行。中国银行秦皇岛分行等多家银行金融机构纷纷设立了科技型中小微企业金融产品，面向初创期、成长期、成熟期的科技企业推出"账易贷""科保贷""知识产权贷"等科技信贷系列专属产品，打破了科技型企业有效抵押质押标的不足的困局。三是设立担保公司。设立了泰盛担保公司，引进深圳创新投资集团有限公司成立了秦皇岛红土创业基金，为科技成果顺利转化保驾护航。

第三章　高校科技成果转化现状分析

近年来，驻秦各高校党委高度重视、精心组织、协调联动，采取了一系列措施，切实把推动科技成果转化工作，特别是向秦皇岛转化工作摆在突出位置，为秦皇岛经济社会发展作出应有的努力和贡献，创造了"三全"即全员、全年、全面，"三化"即项目化、具体化、实效化，"四提高"即提高教师业务能力、提高学生职业能力、提高师生服务能力、提高学校发展能力的合作模式。基本特色是立足优势、紧贴需求、项目带动、政策激励。基本做法是认识到位、发动到位、推动到位、措施到位。

秦皇岛市委市政府切实加强了驻秦高校科技成果转化工作的指导，市委市政府主要领导亲自推动，出台了推动高校科技成果转化的一系列政策文件，市科技局、市教育局、市发改委和市工信局等部门认真落实市委市政府安排部署，建立了联系企业工作制度，各企事业单位也积极响应，引进新技术、促进科技成果转化。通过市委市政府以及各部门、各高等院校和企事业单位共同努力，近年来，高校科技成果转化数量不断增加，质量不断提高，结构逐步合理，行业越来越多，针对性越来越强，经济效益和社会效益凸显，极大地提高了高校服务经济发展的能力，完善了高校科技成果转化的体制机制，调整了传统产业结构，提升了现代产业化水平，极大地推动了秦皇岛经济社会高质量发展。

为全面了解驻秦高校科技成果转化的实际情况和秦皇岛市企业科技成果转化情况，提高驻秦高校和秦皇岛市企业科技成果在秦皇岛市的转化率，进一步推动高校科技成果在秦皇岛转化的数量和质量，促进地方经济社会高质量发展，本课题组研究制定并组织填写了《驻秦高校科技成果转化情况调查问卷》和《秦皇岛市企业科技成果转化情况调查问卷》。其中《驻秦高校科技成果转化情况调查问卷》共计填写 625 份，有效问卷 600 份；《秦皇岛市企业科技成果转化情况调查问卷》共计填写 350 份，有效问卷 327 份。在问卷调查的过程中，课题组与政府及相关部门负责人、各高校领导、科研工作者、一线教师、企业负责人、科技人员等召开了多次座谈会、研讨会，广泛听取政府、高校、企业等相关专家、学者的意见，在充分吸收并总结各方意见、建议的基础上，认真分析《驻秦高校科技成果转化情况调查问卷》和《秦皇岛市企业科技成果转化情况调查问卷》两个问卷，从中反映出高校科技成果转化的现状及问题所在。

通过问卷分析，制约科技成果转化的主要原因：一是政府方面。推动科技成果转化政策解读宣传落实不到位，相关政策需要进一步落实；科技成果转化专业化技术转移机构较少；科技成果转化专业人才匮乏；科技成果转化平台作用发挥不够；科技成果与市场需求脱节，供需双方对接渠道需畅通；科技成果转化资金支持不充分。二是高校方面。高校科技成果转化相关考核、激励机制不健全；高校科技成果转化发展不平衡，科技成果转化去向不平衡，主要体现在产业间、地域间、行业间；高校科技成果评价体系尚未有效建立，对科技成果转化效果作出评价不够准确；高校科技成果总数量有限，科技成果转化的数量少、质量不高；高校科技成果在秦皇岛转化数量少。三是企业方面。承接企业科研能力不足，企业转化能力弱，科研资金短缺，导致科技成果转化、中试、熟化效果较差；科技成果转化经济效益和社会效益不高，对同一相关产业拉动力偏低，带动就业低；企业科技人员对科技成果转化工作满意度低；等等。

一、驻秦高校科技成果转化现状分析

为了解驻秦高校科技成果转化的现状，进一步提高驻秦高校科技成果在秦皇岛市的转化率，课题组组织开展驻秦高校科技成果转化情况专项调查问卷。本次问卷发放数量 650 份，有效回收 600 份，回收率 92.31%。下面对本次调查问卷进行详细分析。

（1）本次问卷填写人群年龄主要集中在 30～49 岁，共有 479 人，占比 79.83%，符合问卷调查群体要求。其中 29 岁以下 51 人，占比 8.5%；30～39 岁 274 人，占比 45.67%；40～49 岁 205 人，占比 34.17%；50～59 岁 69 人，占比 11.5%；60 岁以上 1 人，占比 0.17%。

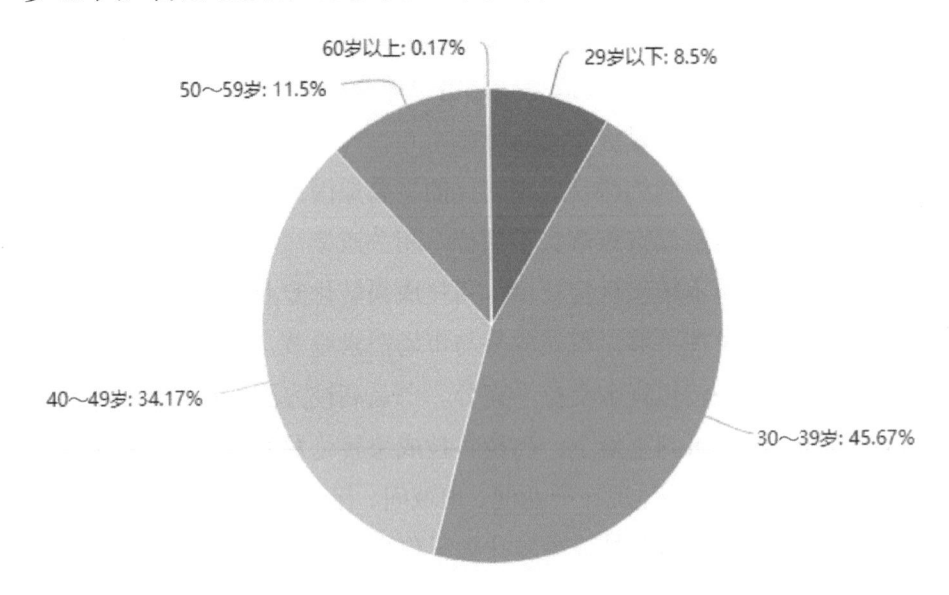

年龄情况分布

（2）本次问卷填写人群性别情况为女性占比较多。男性 205 人，占比 34.17%；女性 395 人，占比 65.83%。

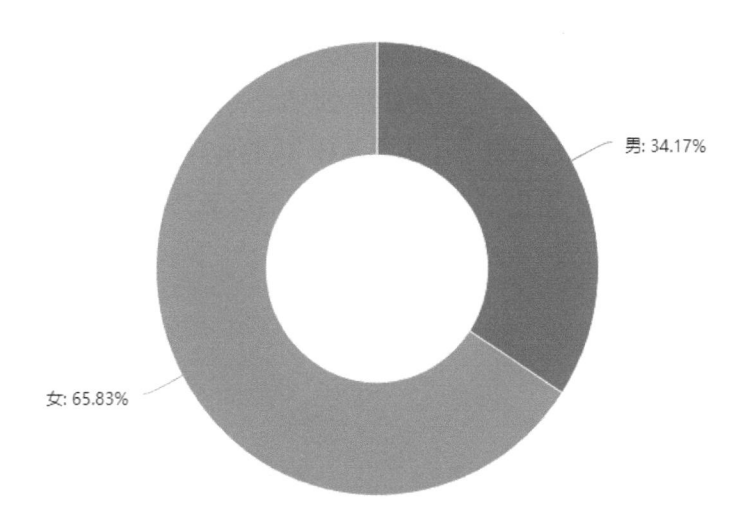

性别情况分布

（3）本次问卷填写人群中学历情况为硕士研究生人群较多。博士研究生46人，占比7.67%；硕士研究生362人，占比60.33%；大学本科171人，占比28.5%；大专18人，占比3%；中专1人，占比0.17%；高中及以下2人，占比0.33%。在调查问卷交叉分析中重点分析本科及以上学历人员具有意义。

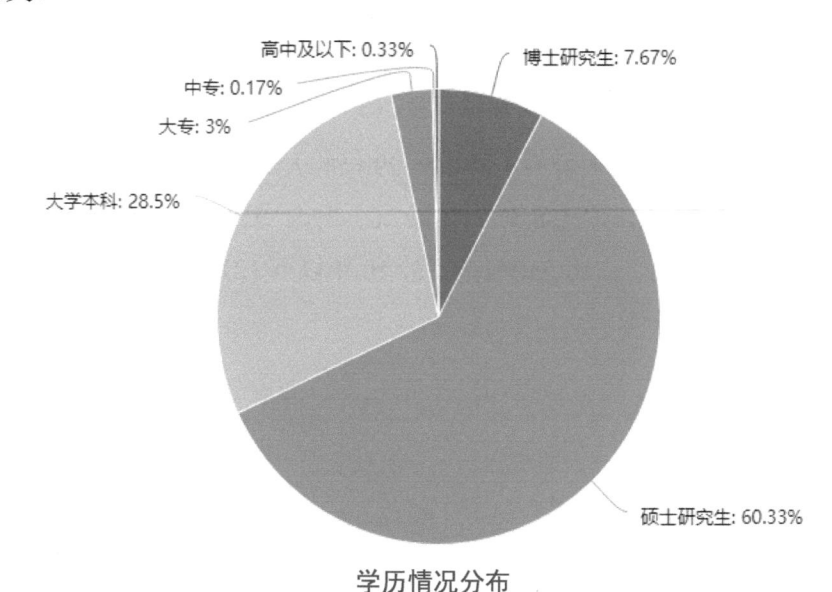

学历情况分布

（4）本次问卷填写人群专业技术职称情况为中级职称和副高级职称占大多数，共计占比 82.84%。正高级职称 27 人，占比 4.5%；副高级职称 226 人，占比 37.67%；中级职称 271 人，占比 45.17%；初级职称 33 人，占比 5.5%；无职称 43 人，占比 7.17%。在调查问卷交叉分析中重点分析中级职称及以上人员具有意义。

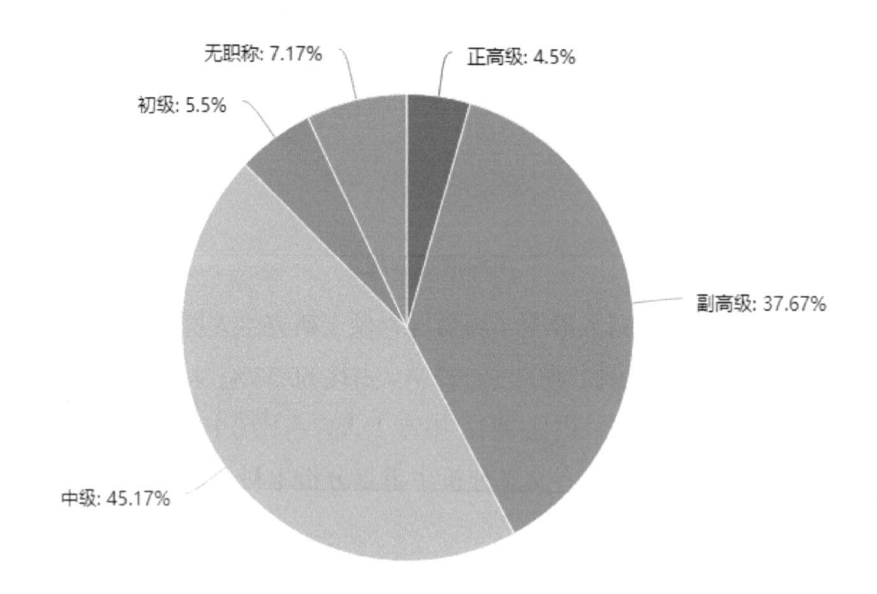

职称情况分布

（5）本次问卷填写人群中工龄 10~29 年的人员较多，占比为 70.33%。工龄 30 年以上 51 人，占比 8.5%；工龄 20~29 年 95 人，占比 15.83%；工龄 10~19 年 327 人，占比 54.5%；工龄 10 年以下 127 人，占比 21.17%。

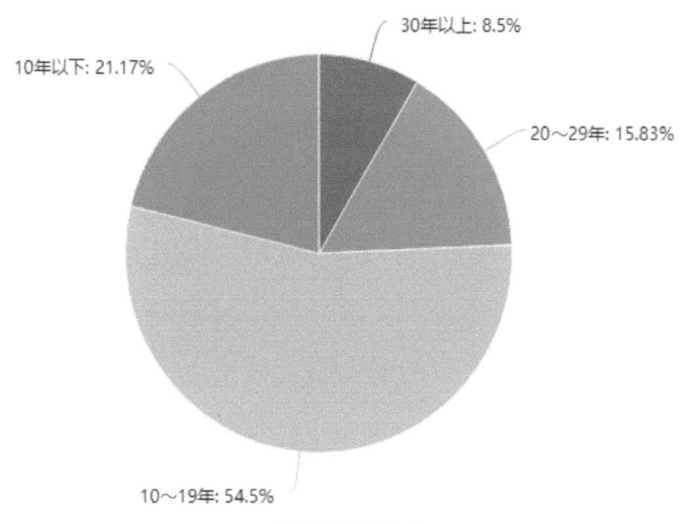

工龄情况分布

（6）本次问卷填写人群政治面貌以共产党员较多。共产党员399人，占比66.5%；共青团员31人，占比5.17%；民主党派31人，占比5.17%；无党派人士139人，占比23.17%。

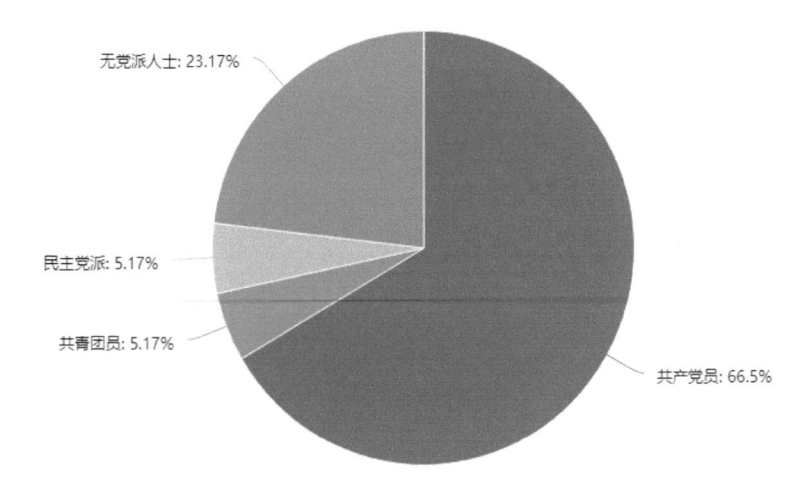

政治面貌情况分布

（7）本次问卷填写人群以教学人员较多。教学人员473人，占比78.83%；工程技术人员28人，占比4.67%；科学研究人员28人，占比4.67%；卫生技术人员 5 人，占比 0.83%；其他 66 人，占比 11%。

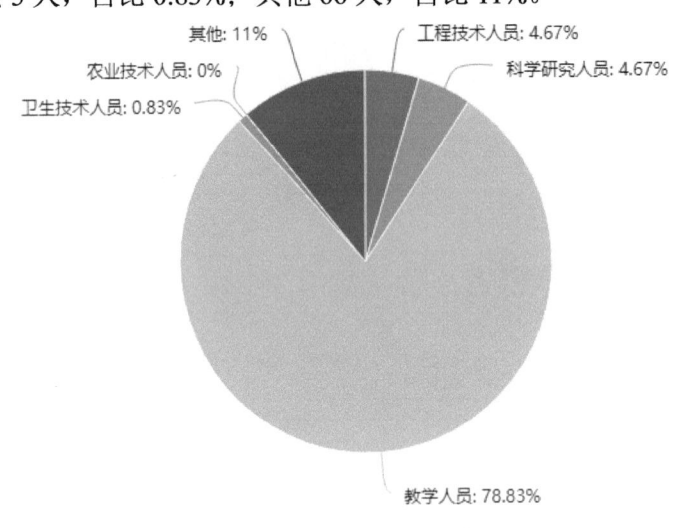

专业技术人员情况分布

（8）本次问卷填写人群中主要来自高等院校，符合本次问卷调查样本要求。来自高等院校 554 人，占比 92.33%；科研院所 2 人，占比 0.33%；医疗卫生机构 2 人，占比 0.33%；企业 26 人，占比 4.33%；机关 2 人，占比 0.33%；其他 14 人，占比 2.33%。

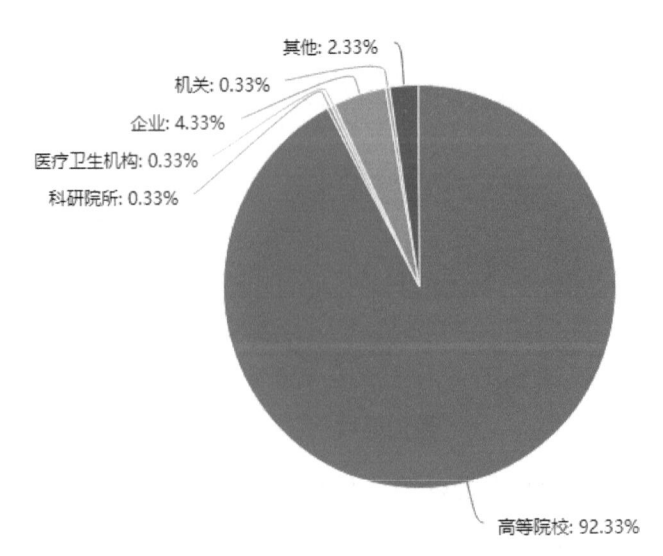

所在单位或机构情况分布

（9）本次问卷填写人群中对目前我市各高校科研情况总体看法为满意。满意172人，占比28.67%；较满意277人，占比46.17%；不满意60人，占比10%；不了解91人，占比15.17%。

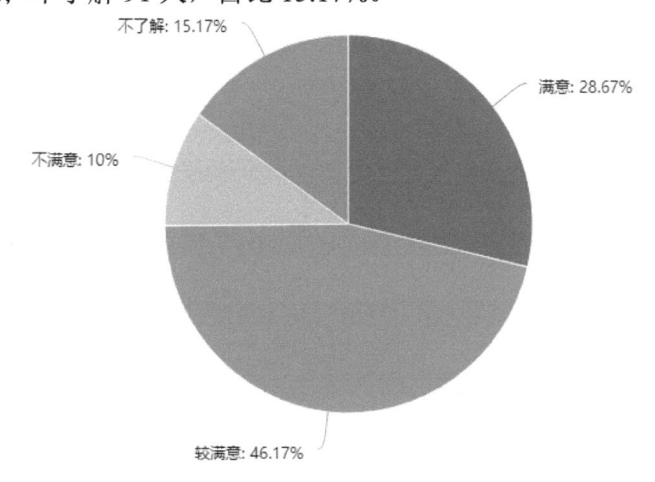

对我市各高校科研情况总体看法

对高校大学本科以上学历层次进行分析显示，大学本科以上学历对我市高校科研情况总体看法满意度较高，也存在不满意、不了解情况，但占比较少。博士研究生满意和比较满意占比65.21%，硕士研究生满意和比较满意占比76.24%，大学本科满意和比较满意占比74.86%。

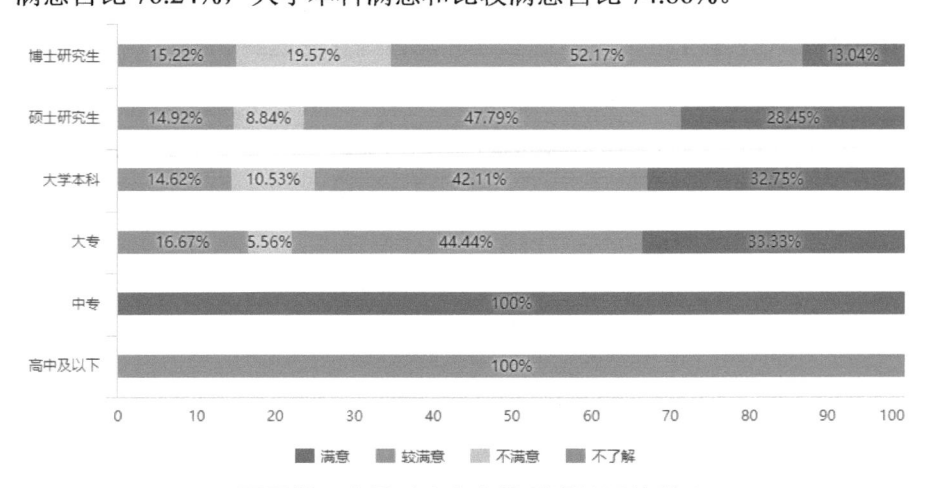

不同学历人员对我市高校科研情况的看法

对高校中级以上职称层次进行分析显示，中级以上职称对我市高校科研情况总体看法满意度较高，也存在不满意、不了解情况，但占比较少。正高级职称满意和比较满意占比 70.37%，副高级职称满意和比较满意占比 78.32%，中级职称满意和比较满意占比 73.44%。在初级职称中不满意占比稍高，达到 15.15%。

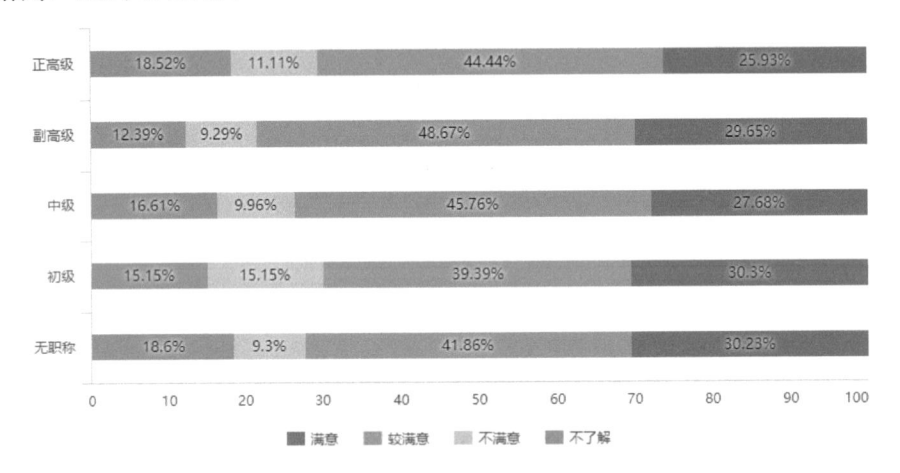

职称	满意	较满意	不满意	不了解
正高级	18.52%	11.11%	44.44%	25.93%
副高级	12.39%	9.29%	48.67%	29.65%
中级	16.61%	9.96%	45.76%	27.68%
初级	15.15%	15.15%	39.39%	30.3%
无职称	18.6%	9.3%	41.86%	30.23%

不同专业技术职称人员对我市高校科研情况的看法

（10）本次问卷填写人群中对目前我市科技成果转化政策的总体看法，满意 148 人，占比 24.67%；较满意 242 人，占比 40.33%；不满意 60 人，占比 10%；不了解 150 人，占比 25%。总体满意度达到 65%。

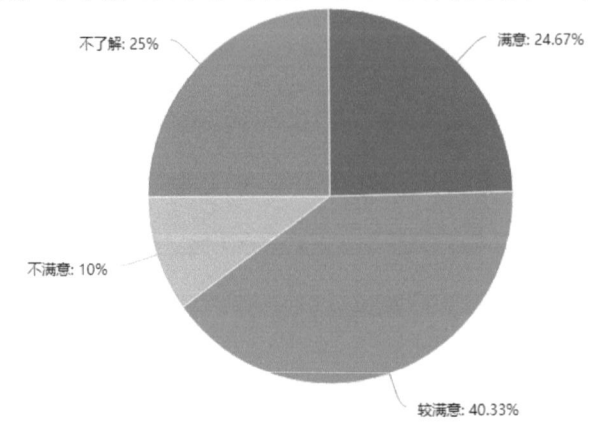

对目前我市科技成果转化政策的总体看法

对高校大学本科以上学历层次进行分析显示，大学本科以上学历对目前我市科技成果转化政策的看法总体满意度较高，但不满意、不了解情况也占据一定比例。博士研究生满意和比较满意占比 50%，硕士研究生满意和比较满意占比 66.58%，大学本科满意和比较满意占比 65.5%。在不满意、不了解情况中博士研究生所占比例最高，达到 50%；其次是大学本科学历，不满意、不了解所占比例达到 34.51%；第三是硕士研究生学历，不满意、不了解比例达到 33.42%。我市科技成果转化政策还有较大完善的空间。

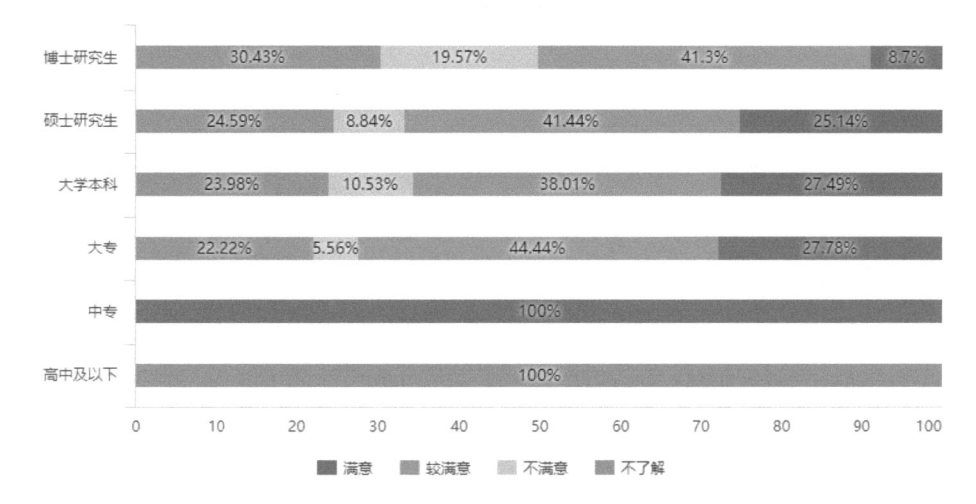

学历	满意	较满意	不满意	不了解
博士研究生	30.43%	19.57%	41.3%	8.7%
硕士研究生	24.59%	8.84%	41.44%	25.14%
大学本科	23.98%	10.53%	38.01%	27.49%
大专	22.22%	5.56%	44.44%	27.78%
中专			100%	
高中及以下			100%	

不同学历人员对目前我市科技成果转化政策的看法

对高校不同专业技术类别层次进行分析显示，对目前我市科技成果转化政策的看法总体满意度较高，满意度从高到低排序依次是卫生技术人员、工程技术人员、科学研究人员和教学人员，但不满意、不了解情况也占据一定比例。卫生技术人员满意和比较满意占比 80%，工程技术人员满意和比较满意占比 78.57%，科学研究人员满意和比较满意占比 75%，教学人员满意和比较满意占比 62.37%。在完善科技成果转化政策时需要更多地征求教学人员和科学研究人员的意见。

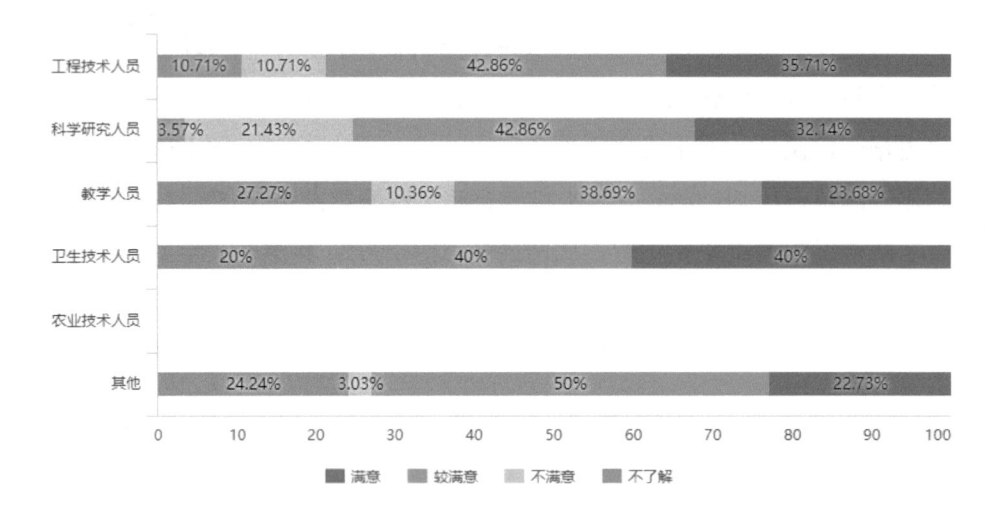

不同专业技术类别人员对目前我市科技成果转化政策的看法

（11）本次问卷填写人群认为驻秦高校科技成果转化存在问题主要责任主体是政府和高校。认为责任主体应该是政府的 366 人，占比 61%；认为是高校的 352 人，占比 58.67%；认为是企事业单位的 289 人，占比 48.17%；认为是科研院所的 253 人，占比 42.17%；认为是其他的 135 人，占比 22.5%。

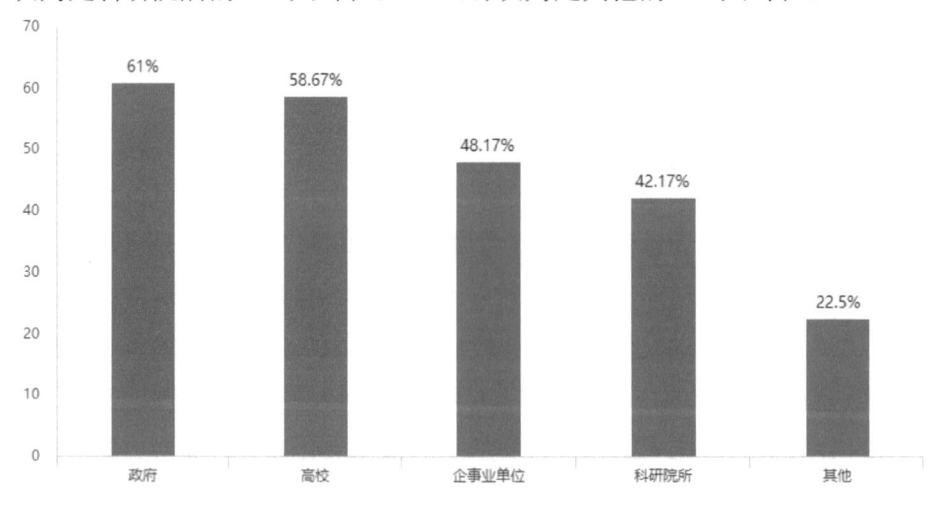

驻秦高校科技成果转化存在问题主要责任主体

（本题为多选题，各项之和不等于 100%）

对高校中级以上职称层次进行分析显示，中级以上职称人员认为驻秦高校科技成果转化存在问题主要责任集中在政府、高校和企事业单位，科研院所也占据一定比例。正高级职称人员认为政府、高校和企事业单位承担主要责任的比例分别是 70.37%、55.56%和 55.56%；副高级职称人员认为政府、高校和企事业单位承担主要责任的比例分别是 62.83%、56.64%和 51.33%；中级职称人员认为政府、高校和企事业单位承担主要责任的比例分别是 61.25%、62.73%和 47.97%。

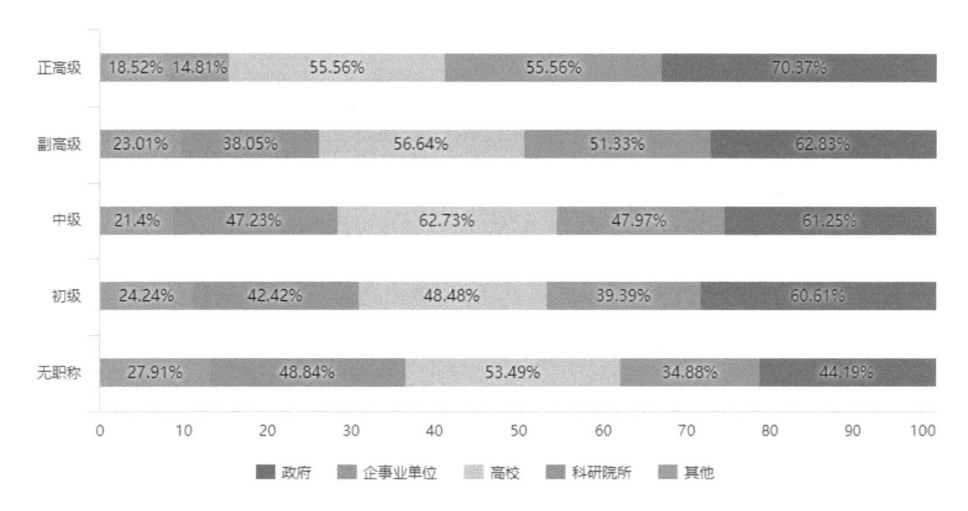

职称	政府	企事业单位	高校	科研院所	其他
正高级	18.52%	14.81%	55.56%	55.56%	70.37%
副高级	23.01%	38.05%	56.64%	51.33%	62.83%
中级	21.4%	47.23%	62.73%	47.97%	61.25%
初级	24.24%	42.42%	48.48%	39.39%	60.61%
无职称	27.91%	48.84%	53.49%	34.88%	44.19%

不同专业技术职称人员认为驻秦高校科技成果转化存在问题主要责任主体

对高校不同专业技术类别层次进行分析显示，科学研究人员和教学人员认为驻秦高校科技成果转化存在问题主要责任集中在政府、高校。卫生技术人员认为驻秦高校科技成果转化存在问题主要责任在科研院所和企事业单位比例较高。工程技术人员认为驻秦高校科技成果转化存在问题主要责任在政府和企事业单位比例较高。科学研究人员认为政府和高校承担主要责任的比例分别是64.29%和64.29%；教学人员认为政府和高校承担主要责任的比例分别是64.69%和61.52%；卫生技术人员认为科研院所和企事业单位承担主要责任的比例分别是80%和60%；工程技术人员认为政府和企事业单位承担主要责任的比例分别是46.43%和50%。

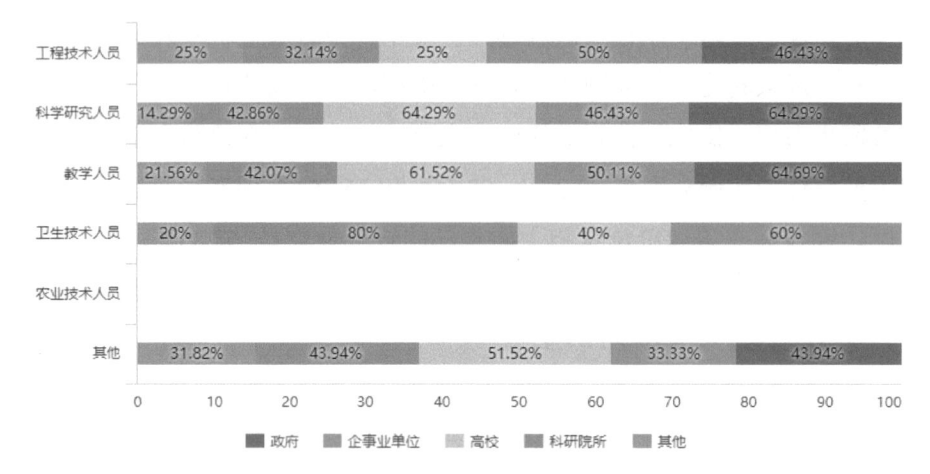

高校科技成果转化对策研究
——以秦皇岛市为例

类别	政府	企事业单位	高校	科研院所	其他
工程技术人员	25%	32.14%	25%	50%	46.43%
科学研究人员	14.29%	42.86%	64.29%	46.43%	64.29%
教学人员	21.56%	42.07%	61.52%	50.11%	64.69%
卫生技术人员	20%	80%		40%	60%
农业技术人员					
其他	31.82%	43.94%	51.52%	33.33%	43.94%

不同专业技术类别人员认为驻秦高校科技成果转化存在问题主要责任主体

（12）本次问卷填写人群认为影响高校、科研院所等科技工作者为企业服务的主要原因是缺少为企业服务的平台和缺少相关政策支持。选择缺少为企业服务的平台的 415 人，占比 69.17%；选择缺少相关政策支持的 397 人，占比 66.17%；选择缺少为企业服务的激励机制的 363 人，占比 60.5%；选择缺少高水平的科研成果的 323 人，占比 53.83%；选择缺乏参加经济活动的意识的 270 人，占比 45%；选择影响本职工作的 120 人，占比 20%；其他 66 人，占比 11%。

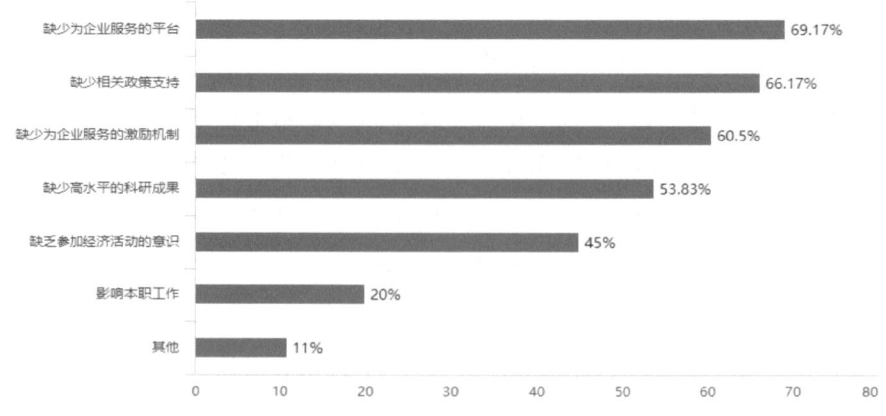

缺少为企业服务的平台	69.17%
缺少相关政策支持	66.17%
缺少为企业服务的激励机制	60.5%
缺少高水平的科研成果	53.83%
缺乏参加经济活动的意识	45%
影响本职工作	20%
其他	11%

影响高校、科研院所等科技工作者为企业服务的主要原因
（本题为多选题，各项之和不等于 100%）

对高校大学本科以上学历层次进行分析显示，硕士研究生及以上学历人员认为影响高校、科研院所等科技工作者为企业服务的主要原因集中在缺少为企业服务的平台、缺少相关政策支持和缺少为企业服务的激励机制。本科学历认为影响高校、科研院所等科技工作者为企业服务的主要原因集中在缺少为企业服务的平台、缺少相关政策支持和缺少高水平的科研成果。博士研究生中选择缺少为企业服务的平台、缺少相关政策支持和缺少为企业服务的激励机制分别占比73.91%、78.26%和63.04%。硕士研究生中选择缺少为企业服务的平台、缺少相关政策支持和缺少为企业服务的激励机制分别占比 72.65%、68.51%和 64.64%。本科生中选择缺少为企业服务的平台、缺少相关政策支持和缺少高水平的科研成果分别占比63.16%、59.65%和58.48%。

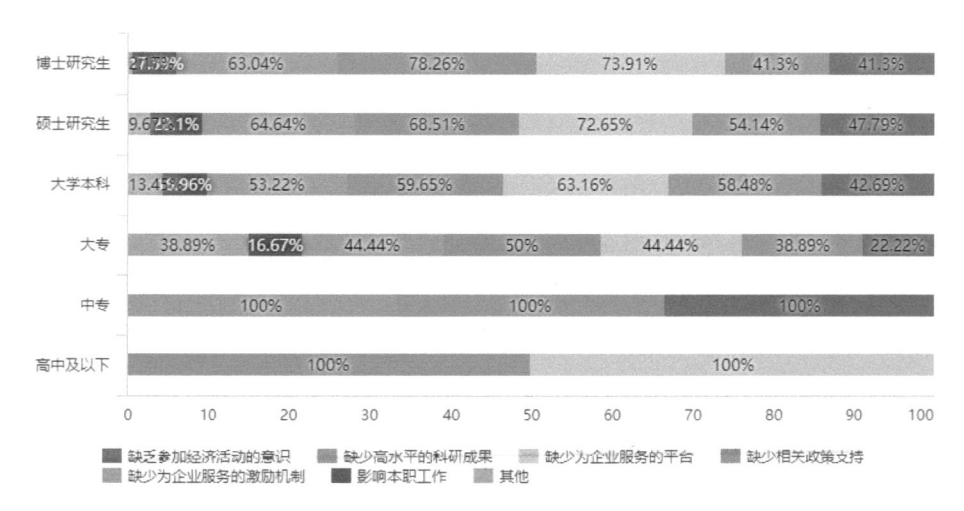

不同学历人员认为影响高校、科研院所等科技工作者为企业服务的主要原因

对高校中级以上职称人员进行分析显示，高级职称人员认为影响高校、科研院所等科技工作者为企业服务的主要原因集中在缺少相关政策支持、缺少为企业服务的平台和缺少高水平的科研成果。中级和副高级职称人员认为影响高校、科研院所等科技工作者为企业服务的主要原因集中在缺少为企业服务的平台、缺少相关政策支持和缺少为企业服务的激励机制。高

级职称中选择缺少相关政策支持、缺少为企业服务的平台和缺少高水平的科研成果分别占比 77.78%、70.37%和 70.37%。副高级职称中选择缺少为企业服务的平台、缺少相关政策支持和缺少为企业服务的激励机制分别占比 74.34%、68.58%和 59.29%。中级职称中选择缺少为企业服务的平台、缺少相关政策支持和缺少为企业服务的激励机制分别占比 70.85%、66.05%和 63.1%。

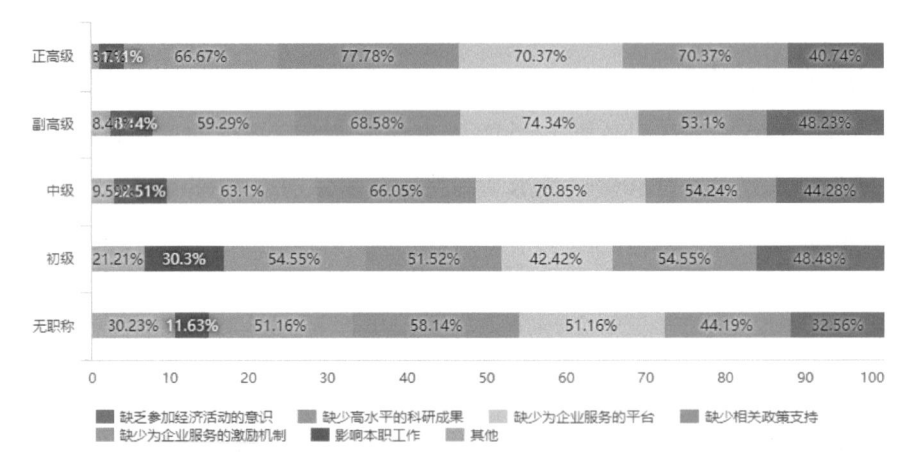

不同专业技术职称人员认为影响高校、科研院所等科技工作者为企业服务的主要原因

（13）本次问卷填写人群认为驻秦高校科技成果转化不理想的主要原因是相关激励政策和法规不健全。选择相关激励政策和法规不健全的 428 人，占比 71.33%；选择成果与市场需求不匹配的 343 人，占比 57.17%；选择成果转化缺乏资金的 337 人，占比 56.17%；选择成果转化中介服务不完善的 314 人，占比 52.33%；选择成果中试环节没有解决的 224 人，占比 37.33%；选择经济结构对成果的吸纳力不强的 184 人，占比 30.67%；选择成果评价不可靠的 155 人，占比 25.83%。

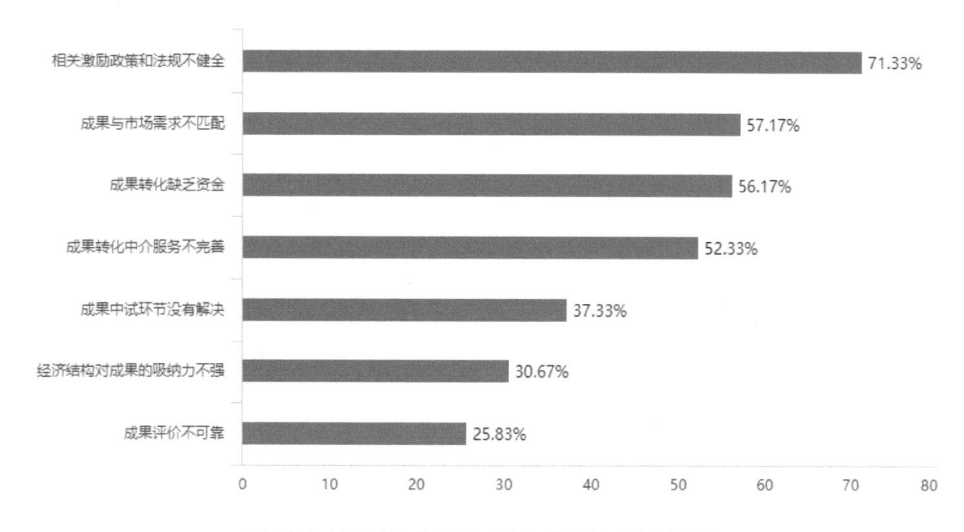

第三章 高校科技成果转化现状分析

原因	百分比
相关激励政策和法规不健全	71.33%
成果与市场需求不匹配	57.17%
成果转化缺乏资金	56.17%
成果转化中介服务不完善	52.33%
成果中试环节没有解决	37.33%
经济结构对成果的吸纳力不强	30.67%
成果评价不可靠	25.83%

驻秦高校科技成果转化不理想的主要原因

（本题为多选题，各项之和不等于100%）

对高校中级以上职称人员进行分析显示，高级职称和中级职称人员认为驻秦高校科技成果转化不理想的主要原因集中在相关激励政策和法规不健全、成果与市场需求不匹配和成果转化缺乏资金。副高级职称人员认为驻秦高校科技成果转化不理想的主要原因集中在相关激励政策和法规不健全、成果转化中介服务不完善和成果与市场需求不匹配。高级职称中选择相关激励政策和法规不健全、成果与市场需求不匹配和成果转化缺乏资金分别占比74.07%、70.37%和70.37%。副高级职称中选择相关激励政策和法规不健全、成果转化中介服务不完善和成果与市场需求不匹配分别占比73.01%、54.87%和 53.98%。中级职称中选择相关激励政策和法规不健全、成果与市场需求不匹配和成果转化缺乏资金分别占比 73.43%、62.36%和62.36%。

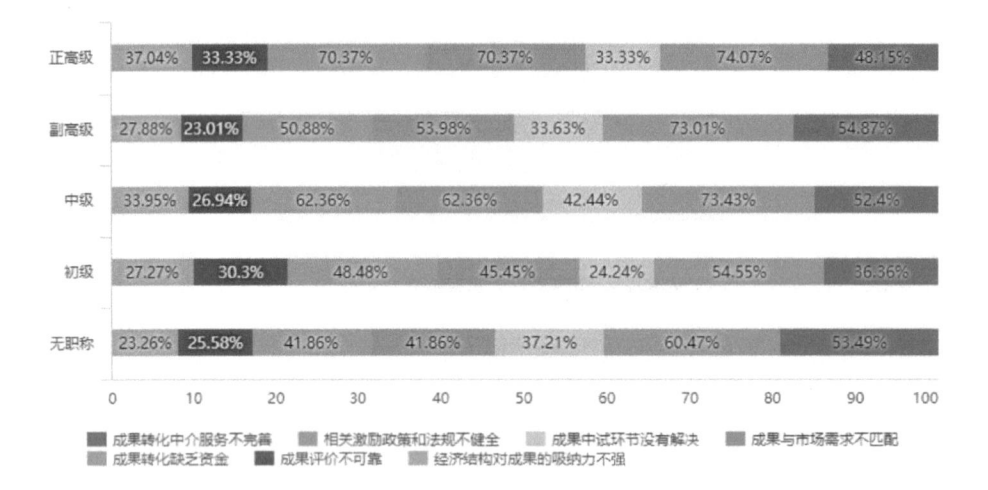

	成果转化中介服务不完善	相关激励政策和法规不健全	成果中试环节没有解决	成果与市场需求不匹配	成果转化缺乏资金	成果评价不可靠	经济结构对成果的吸纳力不强
正高级	37.04%	33.33%	70.37%	70.37%	33.33%	74.07%	48.15%
副高级	27.88%	23.01%	50.88%	53.98%	33.63%	73.01%	54.87%
中级	33.95%	26.94%	62.36%	62.36%	42.44%	73.43%	52.4%
初级	27.27%	30.3%	48.48%	45.45%	24.24%	54.55%	36.36%
无职称	23.26%	25.58%	41.86%	41.86%	37.21%	60.47%	53.49%

不同专业技术职称人员认为驻秦高校科技成果转化不理想的主要原因

对高校不同专业技术类别层次进行分析显示，科学研究人员和教学人员认为驻秦高校科技成果转化不理想的主要原因集中在相关激励政策和法规不健全、成果与市场需求不匹配和成果转化缺乏资金。工程技术人员认为驻秦高校科技成果转化不理想的主要原因集中在相关激励政策和法规不健全、成果与市场需求不匹配和成果转化中介服务不完善。卫生技术人员认为驻秦高校科技成果转化不理想的主要原因集中在相关激励政策和法规不健全。科学研究人员选择相关激励政策和法规不健全、成果与市场需求不匹配和成果转化缺乏资金分别占比78.57%、67.86%和64.29%。教学人员选择相关激励政策和法规不健全、成果与市场需求不匹配和成果转化缺乏资金分别占比72.09%、59.41%和57.29%。工程技术人员选择相关激励政策和法规不健全、成果与市场需求不匹配和成果转化中介服务不完善分别占比60.71%、57.14%和53.57%。卫生技术人员选择相关激励政策和法规不健全占比60%。

第三章 高校科技成果转化现状分析

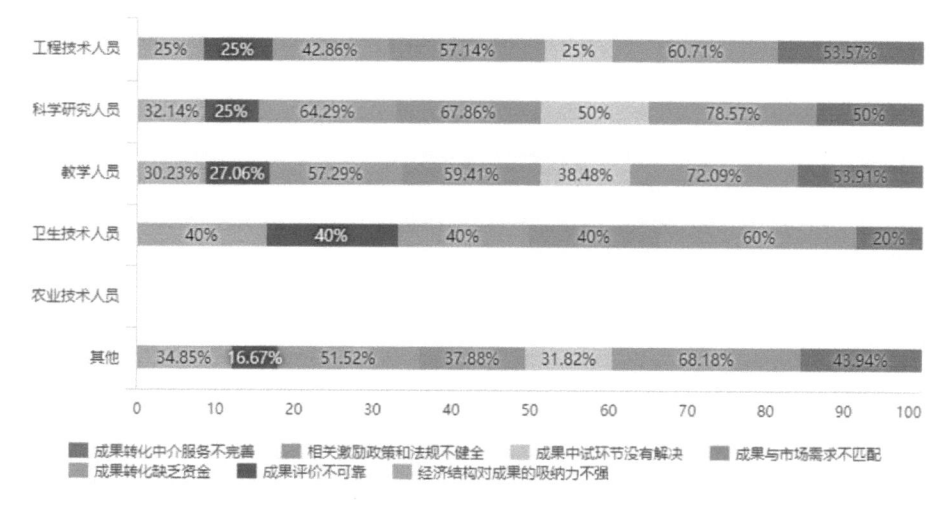

类别	成果转化中介服务不完善	相关激励政策和法规不健全	成果中试环节没有解决	成果与市场需求不匹配	成果转化缺乏资金	成果评价不可靠	经济结构对成果的吸纳力不强
工程技术人员	25%	25%	42.86%	57.14%	25%	60.71%	53.57%
科学研究人员	32.14%	25%	64.29%	67.86%	50%	78.57%	50%
教学人员	30.23%	27.06%	57.29%	59.41%	38.48%	72.09%	53.91%
卫生技术人员	40%	40%	40%	40%		60%	20%
农业技术人员							
其他	34.85%	16.67%	51.52%	37.88%	31.82%	68.18%	43.94%

不同专业技术类别人员认为驻秦高校科技成果转化不理想的主要原因

（14）本次问卷填写人群认为解决驻秦高校科技成果在秦转化问题的对策建议最主要是搭建科技成果转化的平台。选择搭建科技成果转化平台的 433 人，占比 72.17%；选择制定优惠鼓励政策的 414 人，占比 69%；选择建立供需数据库的 382 人，占比 63.67%；选择支持企业和高校共建研发机构的 363 人，占比 60.5%；选择加强科研立项指导提高供需匹配度的 351 人，占比 58.5%；选择设立吸引高校科技成果转化奖励基金的 313 人，占比 52.17%；选择建立科技成果中试基地和承载科技成果转化基地的 294 人，占比 49%；选择加强驻秦高校科技成果转化的组织推动的 272 人，占比 45.33%。

高校科技成果转化对策研究
——以秦皇岛市为例

对策	比例
搭建科技成果转化平台	72.17%
制定优惠鼓励政策	69%
建立供需数据库	63.67%
支持企业和高校共建研发机构	60.5%
加强科研立项指导提高供需匹配度	58.5%
设立吸引高校科技成果转化奖励基金	52.17%
建立科技成果中试基地和承载科技成果转化基地	49%
加强驻秦高校科技成果转化的组织推动	45.33%

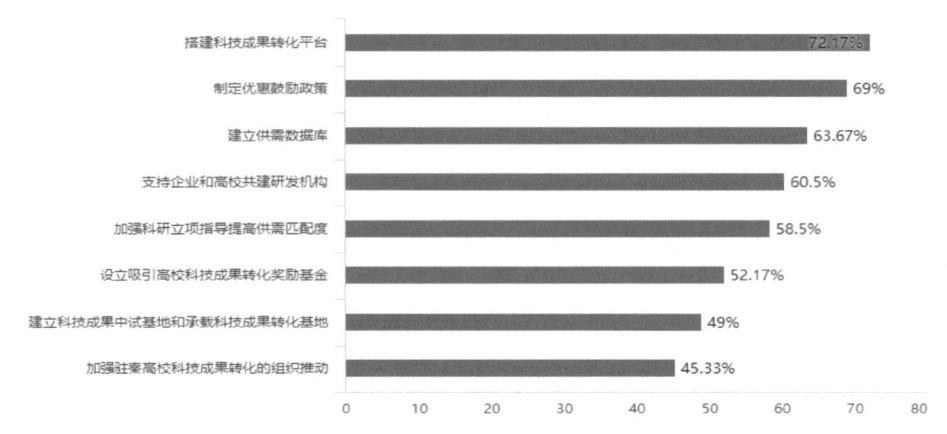

解决驻秦高校科技成果在秦转化问题的对策建议
（本题为多选题，各项之和不等于100%）

对高校大学本科以上学历层次进行分析显示，本科及以上学历人员认为解决驻秦高校科技成果在秦转化问题的对策建议集中在制定优惠鼓励政策和搭建科技成果转化平台。博士研究生中选择制定优惠鼓励政策和搭建科技成果转化平台分别占比80.43%和76.09%。硕士研究生中选择制定优惠鼓励政策和搭建科技成果转化平台分别占比71.82%和75.14%。本科生中选择选择制定优惠鼓励政策和搭建科技成果转化平台分别占比 63.74%和67.84%。

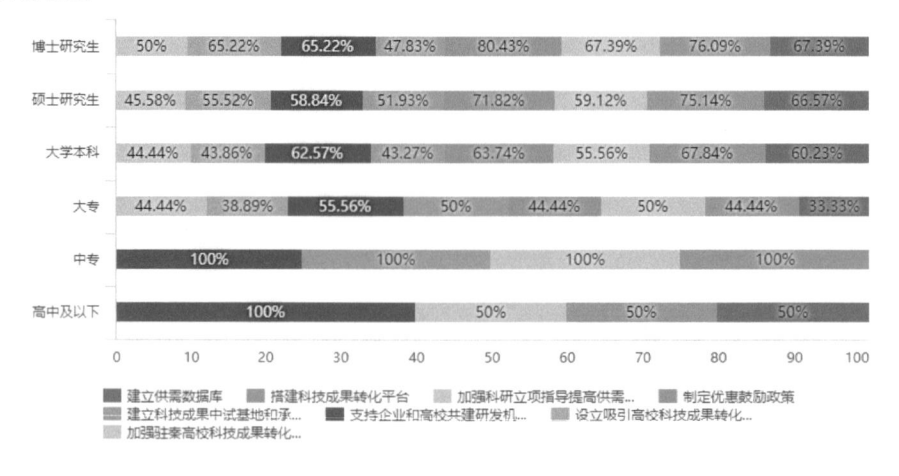

学历	建立供需数据库	搭建科技成果转化平台	加强科研立项指导提高供需	制定优惠鼓励政策	建立科技成果中试基地和承...	支持企业和高校共建研发机构	设立吸引高校科技成果转化...	加强驻秦高校科技成果转化...
博士研究生	50%	65.22%	65.22%	47.83%	80.43%	67.39%	76.09%	67.39%
硕士研究生	45.58%	55.52%	58.84%	51.93%	71.82%	59.12%	75.14%	66.57%
大学本科	44.44%	43.86%	62.57%	43.27%	63.74%	55.56%	67.84%	60.23%
大专	44.44%	38.89%	55.56%	50%	44.44%	50%	44.44%	33.33%
中专		100%		100%		100%		100%
高中及以下		100%		50%		50%		50%

不同学历人员认为解决驻秦高校科技成果在秦转化问题的对策建议

对高校不同专业技术类别层次进行分析显示，科学研究人员和教学人员认为解决驻秦高校科技成果在秦转化问题的对策建议集中在搭建科技成果转化平台和制定优惠鼓励政策。工程技术人员认为解决驻秦高校科技成果在秦转化问题的对策建议集中在搭建科技成果转化平台和建立供需数据库。卫生技术人员认为解决驻秦高校科技成果在秦转化问题的对策建议集中在加强科研立项指导提高供需匹配度。科学研究人员选择搭建科技成果转化平台和制定优惠鼓励政策分别占比82.14%和78.57%。教学人员选择搭建科技成果转化平台和制定优惠鼓励政策分别占比74.42%和72.73%。工程技术人员选择搭建科技成果转化平台和建立供需数据库分别占比57.14%和53.57%。卫生技术人员选择加强科研立项指导提高供需匹配度占比60%。

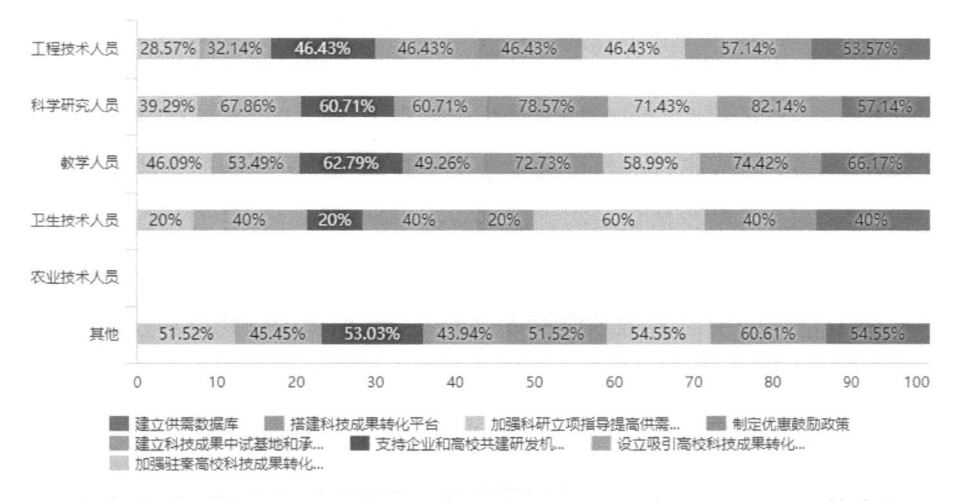

类别	建立供需数据库	搭建科技成果转化平台	加强科研立项指导提高供需…		制定优惠鼓励政策			
工程技术人员	28.57%	32.14%	46.43%	46.43%	46.43%	46.43%	57.14%	53.57%
科学研究人员	39.29%	67.86%	60.71%	60.71%	78.57%	71.43%	82.14%	57.14%
教学人员	46.09%	53.49%	62.79%	49.26%	72.73%	58.99%	74.42%	66.17%
卫生技术人员	20%	40%	20%	40%	20%	60%	40%	40%
农业技术人员								
其他	51.52%	45.45%	53.03%	43.94%	51.52%	54.55%	60.61%	54.55%

■ 建立供需数据库　■ 搭建科技成果转化平台　■ 加强科研立项指导提高供需…　■ 制定优惠鼓励政策
■ 建立科技成果中试基地和承…　■ 支持企业和高校共建研发机…　■ 设立吸引高校科技成果转化…
■ 加强驻秦高校科技成果转化…

不同专业技术类别人员认为解决驻秦高校科技成果在秦转化问题的对策建议

（15）本次问卷填写人群认为科技成果最需要获得的技术转化服务是技术创新服务。选择技术创新服务的425人，占比70.83%；选择创业孵化服务的340人，占比56.67%；选择成果转化信息与咨询服务的339人，占比56.5%；选择技术示范与推广服务的316人，占比52.67%；选择成果产业化服务的316人，占比52.67%；选择技术交易服务的294人，占比49%；选择知识产权服务的265人，占比44.17%。

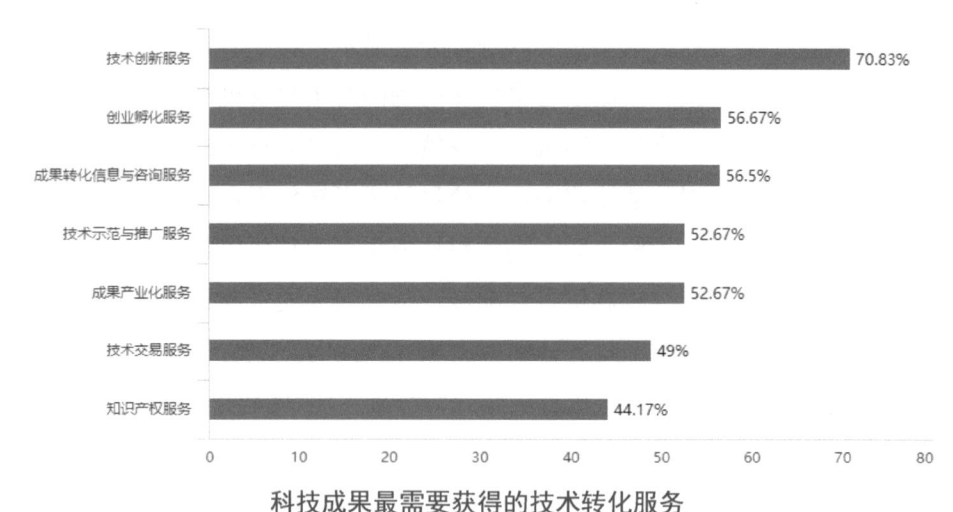

科技成果最需要获得的技术转化服务

- 技术创新服务 70.83%
- 创业孵化服务 56.67%
- 成果转化信息与咨询服务 56.5%
- 技术示范与推广服务 52.67%
- 成果产业化服务 52.67%
- 技术交易服务 49%
- 知识产权服务 44.17%

科技成果最需要获得的技术转化服务
（本题为多选题，各项之和不等于100%）

对高校中级以上职称人员进行分析显示，高级职称和副高级职称人员认为科技成果最需要获得的技术转化服务集中在技术创新服务和创业孵化服务。中级职称人员认为科技成果最需要获得的技术转化服务集中在技术创新服务和成果转化信息与咨询服务。高级职称中选择技术创新服务和创业孵化服务分别占比77.78%和66.67%。副高级职称中选择技术创新服务和创业孵化服务分别占比72.57%和56.64%。中级职称中选择技术创新服务和成果转化信息与咨询服务分别占比71.22%和60.15%。

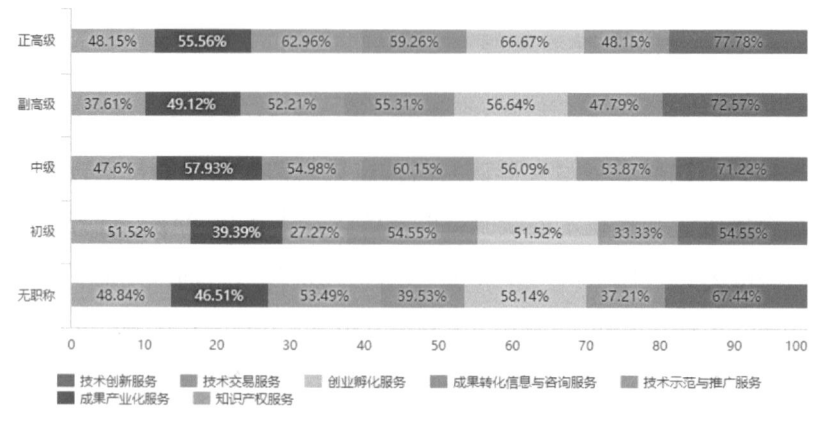

不同专业技术职称人员认为科技成果最需要获得的技术转化服务

对高校不同专业技术类别层次进行分析显示，科学研究人员认为科技成果最需要获得的技术转化服务是成果转化信息与咨询服务、技术创新服务和技术示范与推广服务。教学人员认为科技成果最需要获得的技术转化服务是技术创新服务、创业孵化服务和成果转化信息与咨询服务。工程技术人员认为科技成果最需要获得的技术转化服务是技术创新服务、创业孵化服务和知识产权服务。卫生技术人员认为科技成果最需要获得的技术转化服务是技术创新服务和技术交易服务。科学研究人员选择成果转化信息与咨询服务、技术创新服务和技术示范与推广服务分别占比75%、71.43%和64.29%。教学人员选择技术创新服务、创业孵化服务和成果转化信息与咨询服务分别占比71.67%、56.87%和56.87%。工程技术人员选择技术创新服务、创业孵化服务和知识产权服务分别占比75%、53.57%和42.86%。卫生技术人员选择技术创新服务和技术交易服务都是占比60%。

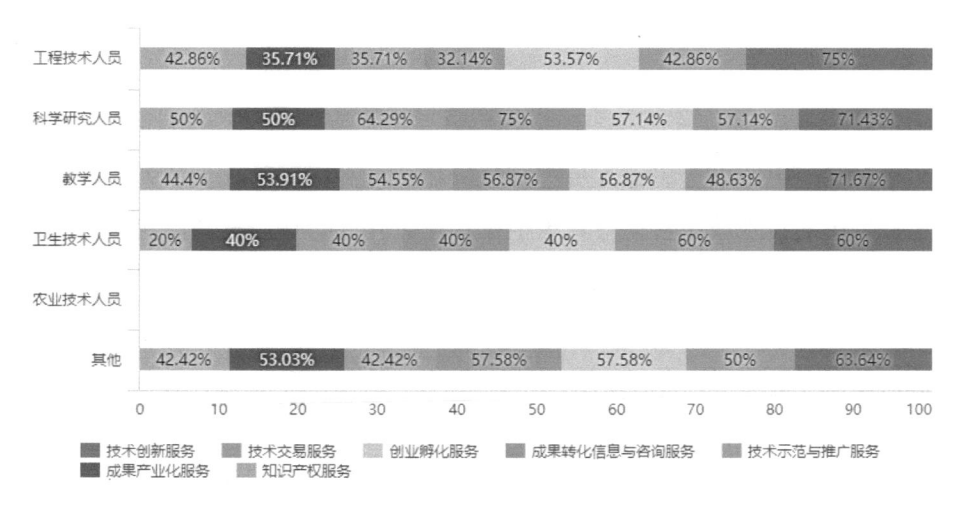

不同专业技术类别人员认为科技成果最需要获得的技术转化服务

（16）本次问卷填写人群所在单位主要采用的技术成果转化方式是合作转化为主。选择合作转化（合作开发共同实施转化）的349人，占比58.17%；选择使用权许可（许可使用该科技成果）的313人，占比52.17%；选择产权转让（转让该科技成果产权）的232人，占比38.67%；选择技术入股（以

该科技成果作为投资，折算股份或出资比例）的 170 人，占比 28.33%；选择交钥匙工程（除成果产权外还提供技术、设备、人员等全套服务）的 57 人，占比 9.5%。

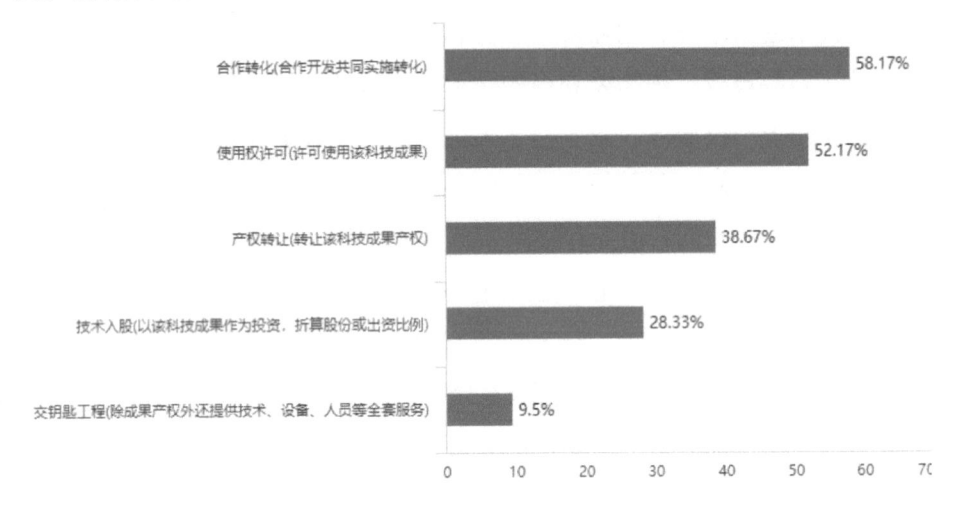

合作转化(合作开发共同实施转化)	58.17%
使用权许可(许可使用该科技成果)	52.17%
产权转让(转让该科技成果产权)	38.67%
技术入股(以该科技成果作为投资，折算股份或出资比例)	28.33%
交钥匙工程(除成果产权外还提供技术、设备、人员等全套服务)	9.5%

所在单位主要采用的技术成果转化方式

（本题为多选题，各项之和不等于 100%）

对高校中级以上职称人员进行分析显示，高级职称人员认为所在单位主要采用的技术成果转化方式集中在合作转化（合作开发共同实施转化）和产权转让（转让该科技成果产权）。副高级职称和中级职称人员认为所在单位主要采用的技术成果转化方式集中在合作转化（合作开发共同实施转化）和使用权许可（许可使用该科技成果）。高级职称中选择合作转化（合作开发共同实施转化）和产权转让（转让该科技成果产权）分别占比 66.67% 和 44.44%。副高级职称中选择合作转化（合作开发共同实施转化）和使用权许可（许可使用该科技成果）分别占比 63.72% 和 48.23%。中级职称中选择合作转化（合作开发共同实施转化）和使用权许可（许可使用该科技成果）分别占比 56.09% 和 59.04%。

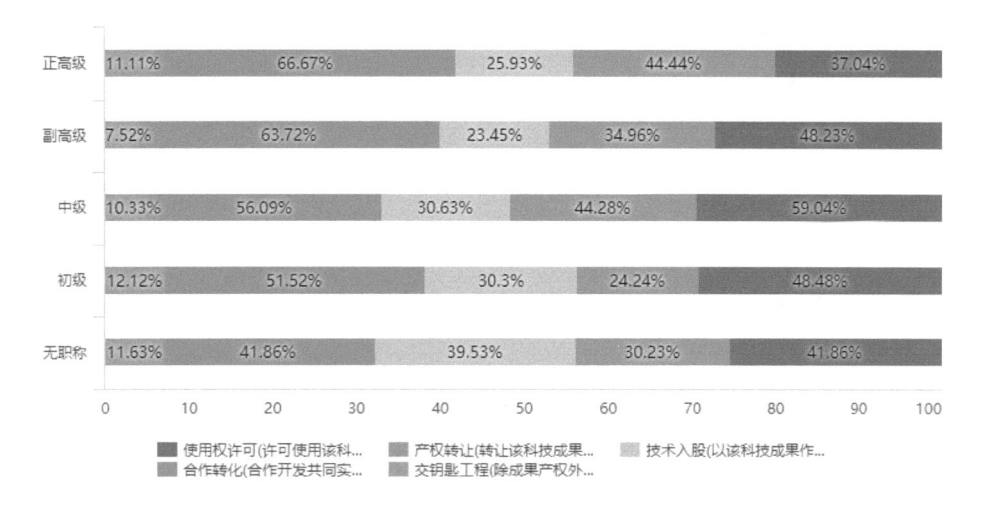

职称	使用权许可	产权转让	技术入股	合作转化	交钥匙工程
正高级	11.11%	66.67%	25.93%	44.44%	37.04%
副高级	7.52%	63.72%	23.45%	34.96%	48.23%
中级	10.33%	56.09%	30.63%	44.28%	59.04%
初级	12.12%	51.52%	30.3%	24.24%	48.48%
无职称	11.63%	41.86%	39.53%	30.23%	41.86%

不同专业技术职称人员所在单位主要采用的技术成果转化方式

对高校不同专业技术类别层次进行分析显示,科学研究人员认为所在单位主要采用的技术成果转化方式是合作转化(合作开发共同实施转化)和产权转让(转让该科技成果产权)。教学人员认为所在单位主要采用的技术成果转化方式是合作转化(合作开发共同实施转化)和使用权许可(许可使用该科技成果)。工程技术人员认为所在单位主要采用的技术成果转化方式是使用权许可(许可使用该科技成果)和技术入股(以该科技成果作为投资,折算股份或出资比例)。卫生技术人员认为所在单位主要采用的技术成果转化方式是技术入股(以该科技成果作为投资,折算股份或出资比例)和交钥匙工程(除成果产权外还提供技术、设备、人员等全套服务)。科学研究人员选择合作转化(合作开发共同实施转化)和产权转让(转让该科技成果产权)分别占比57.14%和53.57%。教学人员选择合作转化(合作开发共同实施转化)和使用权许可(许可使用该科技成果)分别占比60.04%和50.53%。工程技术人员选择使用权许可(许可使用该科技成果)和技术入股(以该科技成果作为投资,折算股份或出资比例)分别占比67.86%和53.57%。卫生技术人员选择技术入股(以该科技成果作为投资,折算股份或出资比例)和交钥匙工程(除成果产权外还提供技术、设备、人员等全套服务）占比都是 60%。

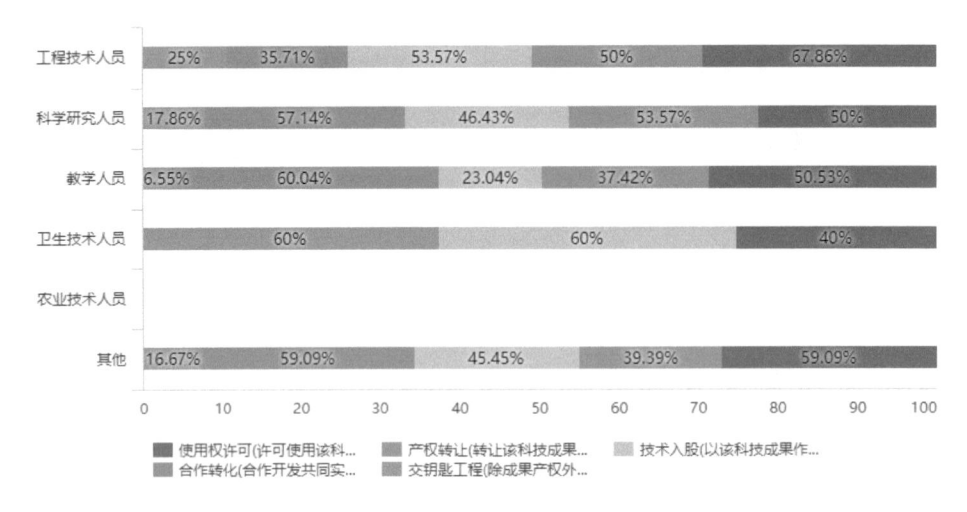

类别	使用权许可	产权转让	技术入股	合作转化	交钥匙工程
工程技术人员	25%	35.71%	53.57%	50%	67.86%
科学研究人员	17.86%	57.14%	46.43%	53.57%	50%
教学人员	6.55%	60.04%	23.04%	37.42%	50.53%
卫生技术人员		60%		60%	40%
农业技术人员					
其他	16.67%	59.09%	45.45%	39.39%	59.09%

不同专业技术类别人员所在单位主要采用的技术成果转化方式

（17）本次问卷填写人群所在单位科技创新和成果转化方面已享受政府扶持政策主要是专项资金支持或财政补贴和人才引进和培养。选择专项资金支持或财政补贴的 296 人，占比 49.33%；选择人才引进和培养的 274 人，占比 45.67%；选择没有享受任何支持的 158 人，占比 26.33%；选择减免部分税费的 143 人，占比 23.83%；选择政府采购政策的 128 人，占比 21.33%；选择优先划拨实验、中试基地建设用地的 69 人，占比 11.5%；选择知识产权质押贷款的 64 人，占比 10.67%；选择信用担保、科技保险的 57 人，占比 9.5%。

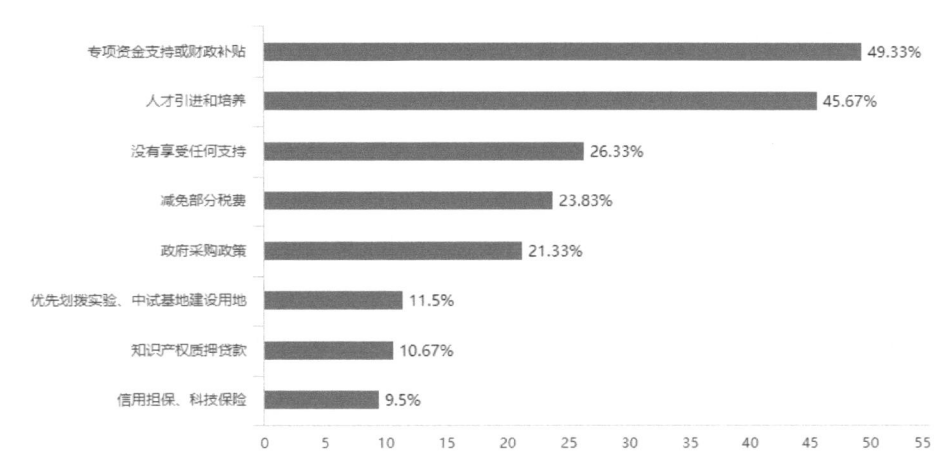

第三章 高校科技成果转化现状分析

政策	占比
专项资金支持或财政补贴	49.33%
人才引进和培养	45.67%
没有享受任何支持	26.33%
减免部分税费	23.83%
政府采购政策	21.33%
优先划拨实验、中试基地建设用地	11.5%
知识产权质押贷款	10.67%
信用担保、科技保险	9.5%

所在单位科技创新和成果转化方面已享受的政府扶持政策

（本题为多选题，各项之和不等于100%）

对高校大学本科以上学历层次进行分析显示，本科及以上学历人员认为所在单位科技创新和成果转化方面已享受的政府扶持政策集中在人才引进和培养与专项资金支持或财政补贴。博士研究生中选择人才引进和培养与专项资金支持或财政补贴分别占比43.48%和34.78%。硕士研究生中选择人才引进和培养与专项资金支持或财政补贴分别占比44.2%和48.62%。本科生中选择人才引进和培养和专项资金支持或财政补贴分别占比50.88%和56.73%。

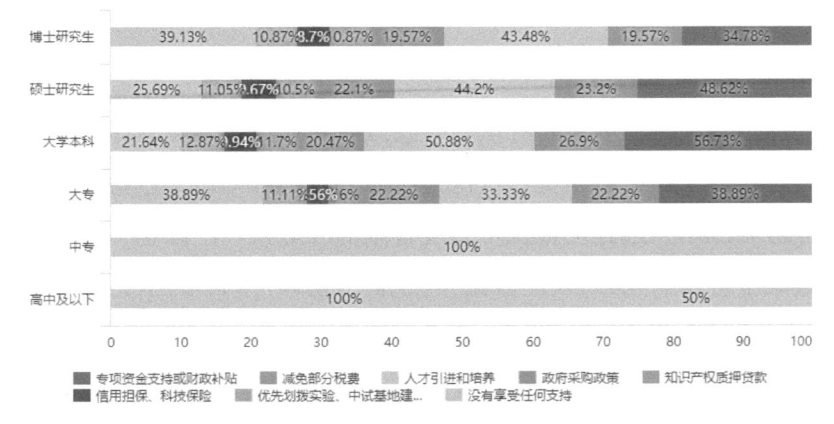

不同学历人员所在单位科技创新和成果转化方面已享受的政府扶持政策

对高校不同专业技术类别层次进行分析显示，工程技术人员和教学人员认为所在单位科技创新和成果转化方面已享受的政府扶持政策是专项资金支持或财政补贴与人才引进和培养。科学研究人员认为所在单位科技创新和成果转化方面已享受的政府扶持政策是人才引进和培养与政府采购政策。卫生技术人员认为所在单位科技创新和成果转化方面已享受的政府扶持政策是专项资金支持或财政补贴。工程技术人员选择专项资金支持或财政补贴与人才引进和培养分别占比50%和50%。教学人员选择专项资金支持或财政补贴与人才引进和培养分别占比49.89%和45.24%。科学研究人员选择人才引进和培养与政府采购政策分别占比53.57%和35.71%。卫生技术人员选择专项资金支持或财政补贴占比是80%。

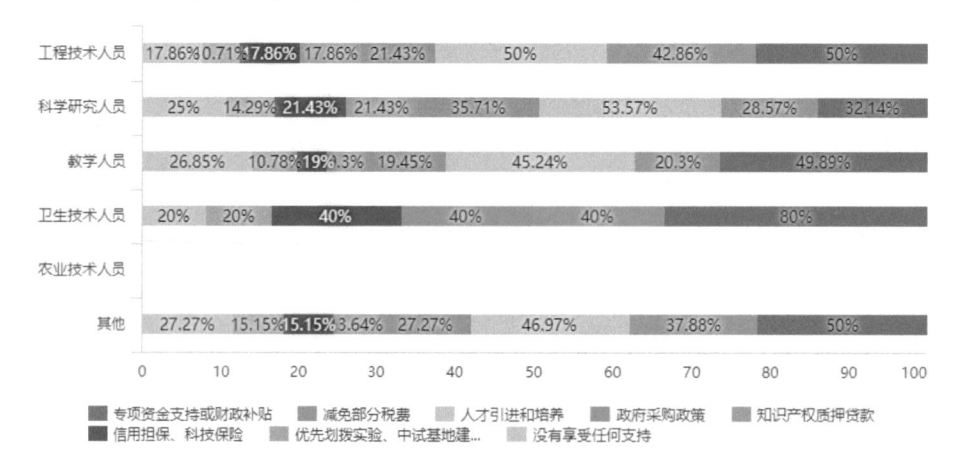

不同专业技术类别人员所在单位科技创新和成果转化方面已享受的政府扶持政策

（18）本次问卷填写人群认为影响政府科技成果转化政策落实的主要原因是对政策了解不够和资金扶持力度有限。选择对政策不够了解的434人，占比72.33%；选择资金扶持力度有限的406人，占比67.67%；选择部门间政策不协调的285人，占比47.5%；选择环节过多的251人，占比41.83%；选择政策要求过高的216人，占比36%。

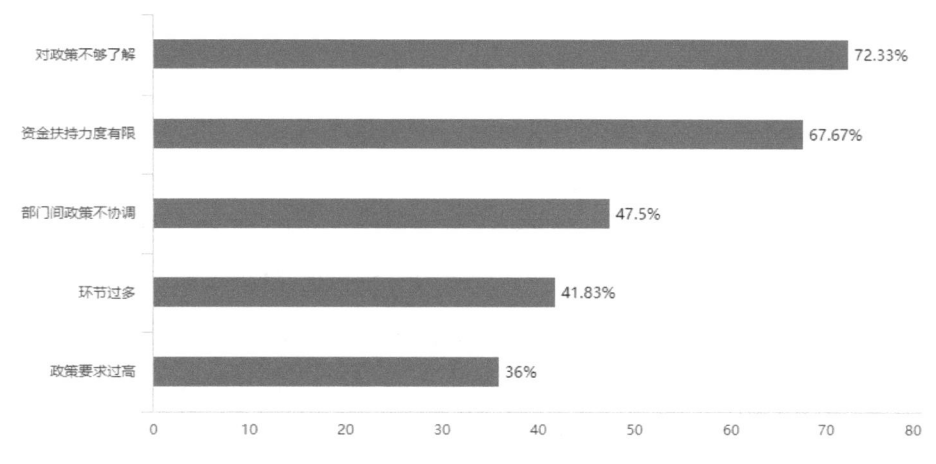

第三章 高校科技成果转化现状分析

影响政府科技成果转化政策落实的主要原因

选项	比例
对政策不够了解	72.33%
资金扶持力度有限	67.67%
部门间政策不协调	47.5%
环节过多	41.83%
政策要求过高	36%

影响政府科技成果转化政策落实的主要原因

（本题为多选题，各项之和不等于100%）

对高校中级以上职称人员进行分析显示，中级及以上职称人员认为影响政府科技成果转化政策落实的主要原因集中在对政策不够了解和资金扶持力度有限。高级职称中选择技对政策不够了解和资金扶持力度有限分别占比74.07%和77.78%。副高级职称中选择对政策不够了解和资金扶持力度有限分别占比72.57%和67.70%。中级职称中选择对政策不够了解和资金扶持力度有限分别占比71.96%和69.74%。加强宣传政府科技成果转化政策和提高资金扶持力度能够更好地落实科技成果转化政策。

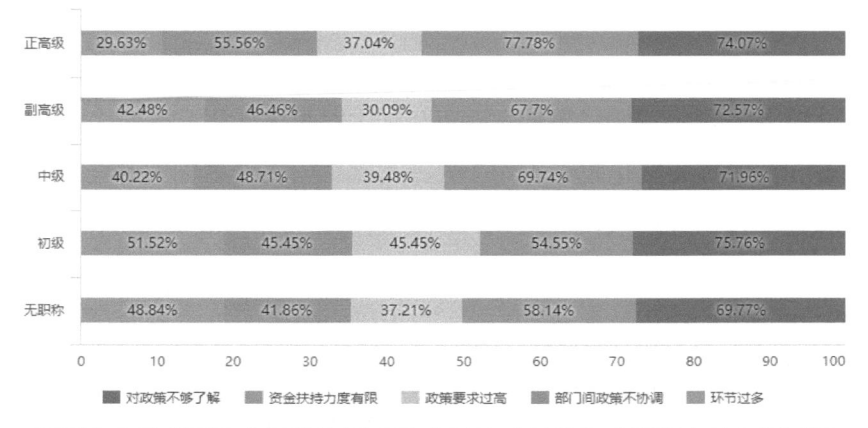

职称	对政策不够了解	资金扶持力度有限	政策要求过高	部门间政策不协调	环节过多
正高级	29.63%	55.56%	37.04%	77.78%	74.07%
副高级	42.48%	46.46%	30.09%	67.7%	72.57%
中级	40.22%	48.71%	39.48%	69.74%	71.96%
初级	51.52%	45.45%	45.45%	54.55%	75.76%
无职称	48.84%	41.86%	37.21%	58.14%	69.77%

不同专业技术职称人员认为影响政府科技成果转化政策落实的主要原因

对高校不同专业技术类别层次进行分析显示,科学研究人员、教学人员和工程技术人员认为影响政府科技成果转化政策落实的主要原因集中在对政策不够了解和资金扶持力度有限。卫生技术人员认为影响政府科技成果转化政策落实的主要原因集中在资金扶持力度有限。科学研究人员选择对政策不够了解和资金扶持力度有限分别占比 71.43%和 82.14%。教学人员选择对政策不够了解和资金扶持力度有限分别占比 73.36%和 68.29%。工程技术人员选择对政策不够了解和资金扶持力度有限分别占比 78.57%和 57.14%。卫生技术人员选择资金扶持力度有限占比是 100%。

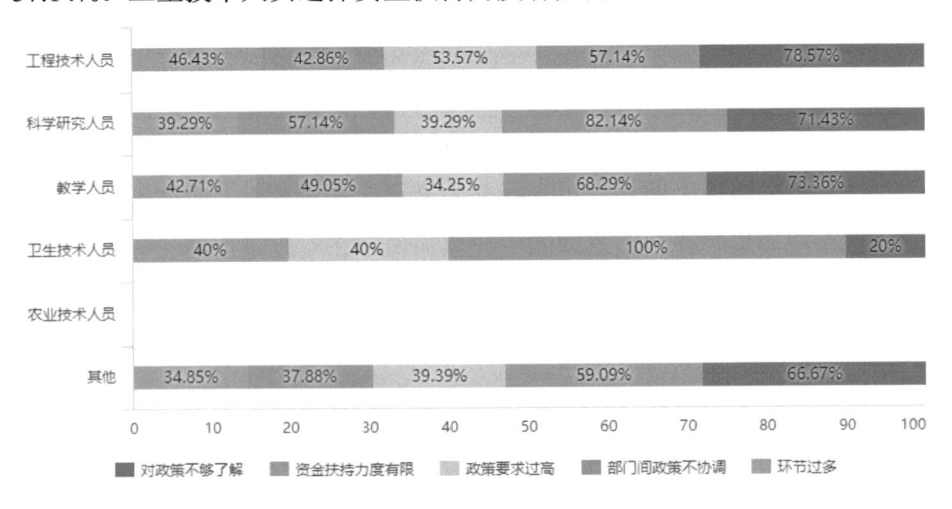

类别	对政策不够了解	资金扶持力度有限	政策要求过高	部门间政策不协调	环节过多
工程技术人员	46.43%	42.86%	53.57%	57.14%	78.57%
科学研究人员	39.29%	57.14%	39.29%	82.14%	71.43%
教学人员	42.71%	49.05%	34.25%	68.29%	73.36%
卫生技术人员	40%	40%	100%		20%
农业技术人员					
其他	34.85%	37.88%	39.39%	59.09%	66.67%

不同专业技术类别人员认为影响政府科技成果转化政策落实的主要原因

(19)本次问卷填写人群最希望政府及相关部门在科技成果转化方面提供的支持是制定激励成果转化政策和加大对重大转化成果的奖励力度。选择制定激励成果转化政策的 462 人,占比 77%;选择加大对重大转化成果的奖励力度的 407 人,占比 67.83%;选择建立完善成果评价体系的 376 人,占比 62.67%;选择加大成果转化专项资金投入的 340 人,占比 56.67%;选择完善成果转化服务平台的 317 人,占比 52.83%;选择规范成果转化技术市场的 306 人,占比 51%;选择拓宽融资渠道的 235 人,占比 39.17%;选择建立完善中试环节的 223 人,占比 37.17%;选择税收优惠的 213 人,占比 35.5%。

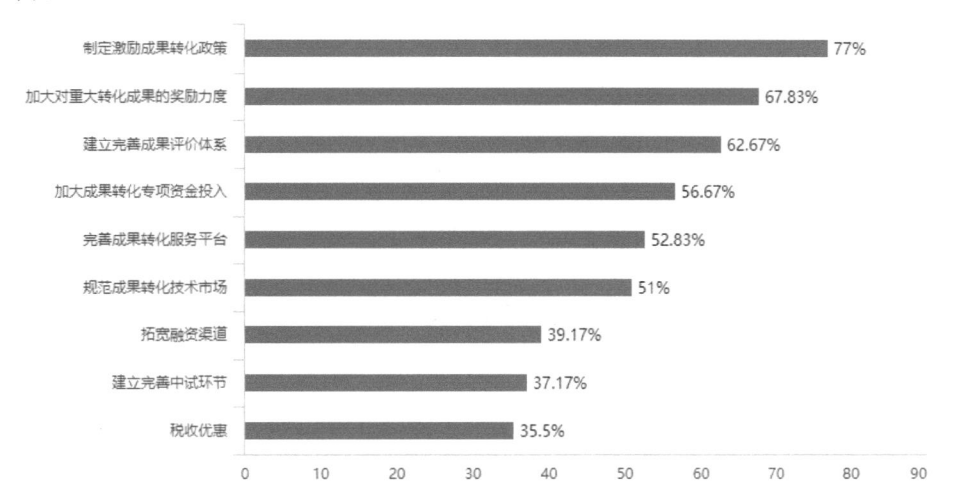

选项	百分比
制定激励成果转化政策	77%
加大对重大转化成果的奖励力度	67.83%
建立完善成果评价体系	62.67%
加大成果转化专项资金投入	56.67%
完善成果转化服务平台	52.83%
规范成果转化技术市场	51%
拓宽融资渠道	39.17%
建立完善中试环节	37.17%
税收优惠	35.5%

最希望政府及相关部门在科技成果转化方面提供的支持

（本题为多选题，各项之和不等于 100%）

对高校中级以上职称人员进行分析显示，高级职称人员最希望政府及相关部门在科技成果转化方面提供的支持集中在制定激励成果转化政策和完善成果转化服务平台。副高级职称和中级职称人员最希望政府及相关部门在科技成果转化方面提供的支持集中在制定激励成果转化政策和加大对重大转化成果的奖励力度。高级职称中选择制定激励成果转化政策和完善成果转化服务平台分别占比 85.19% 和 74.07%。副高级职称中选择制定激励成果转化政策和加大对重大转化成果的奖励力度分别占比 79.2% 和 69.91%。中级职称中选择制定激励成果转化政策和加大对重大转化成果的奖励力度占比 77.49% 和 69.37%。

	制定激励成果转化政策	加大对重大转化成果的奖励	建立完善成果评价体系	加大成果转化专项资金投入					
正高级	37.04%	37.04%	33.33%	74.07%	51.85%	66.67%	51.85%	66.67%	85.19%
副高级	33.63%	35.84%	38.94%	52.65%	47.79%	57.08%	62.39%	69.91%	79.2%
中级	36.9%	39.48%	42.07%	55.35%	54.98%	58.3%	63.47%	69.37%	77.49%
初级	27.27%	30.3%	27.27%	27.27%	45.45%	48.48%	66.67%	57.58%	66.67%
无职称	41.86%	34.88%	34.88%	44.19%	46.51%	44.19%	62.79%	55.81%	65.12%

图例：制定激励成果转化政策　加大对重大转化成果的奖励　建立完善成果评价体系　加大成果转化专项资金投入　规范成果转化技术市场　完善成果转化服务平台　拓宽融资渠道　建立完善中试环节　税收优惠

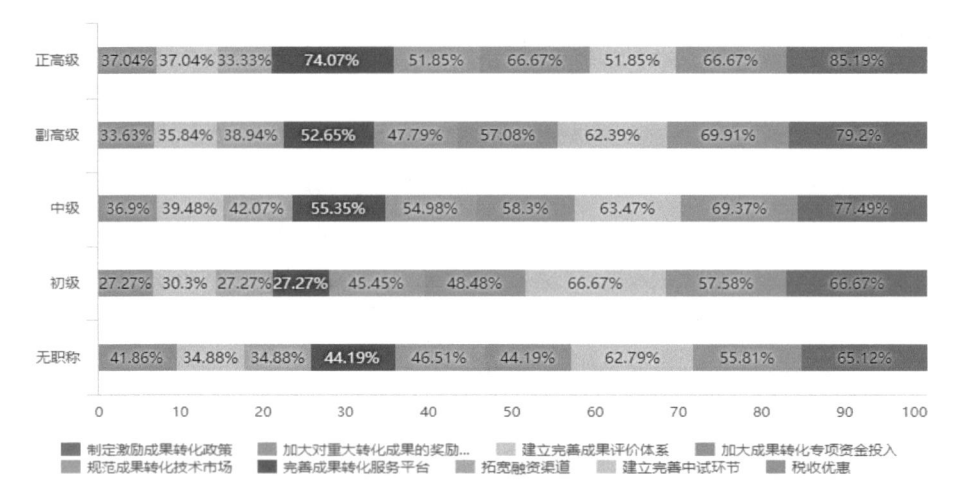

不同专业技术职称人员最希望政府及相关部门在科技成果转化方面提供的支持

对高校不同专业技术类别层次进行分析显示，科学研究人员和教学人员最希望政府及相关部门在科技成果转化方面提供的支持是制定激励成果转化政策和加大对重大转化成果的奖励力度。工程技术人员最希望政府及相关部门在科技成果转化方面提供的支持是制定激励成果转化政策和建立完善成果评价体系。卫生技术人员最希望政府及相关部门在科技成果转化方面提供的支持是拓宽融资渠道。科学研究人员选择制定激励成果转化政策和加大对重大转化成果的奖励力度分别占比78.57%和82.14%。教学人员选择制定激励成果转化政策和加大对重大转化成果的奖励力度分别占比78.44%和68.92%。工程技术人员选择制定激励成果转化政策和建立完善成果评价体系分别占比75%和67.86%。卫生技术人员选择拓宽融资渠道占比60%。

类别	制定激励成果转化政策	加大对重大转化成果的奖励	建立完善成果评价体系	加大成果转化专项资金投入	规范成果转化技术市场	完善成果转化服务平台	拓宽融资渠道	建立完善中试环节	税收优惠
工程技术人员	28.57%	28.57%	7.86%	21.43%	42.86%	46.43%	67.86%	57.14%	75%
科学研究人员	35.71%	46.43%	50%	67.86%	67.86%	64.29%	75%	82.14%	78.57%
教学人员	34.88%	38.05%	40.38%	55.6%	51.37%	56.87%	62.58%	68.92%	78.44%
卫生技术人员	20%	20%	60%	20%	20%	40%	20%	20%	40%
农业技术人员									
其他	43.94%	31.82%	33.33%	42.42%	46.97%	57.58%	59.09%	62.12%	69.7%

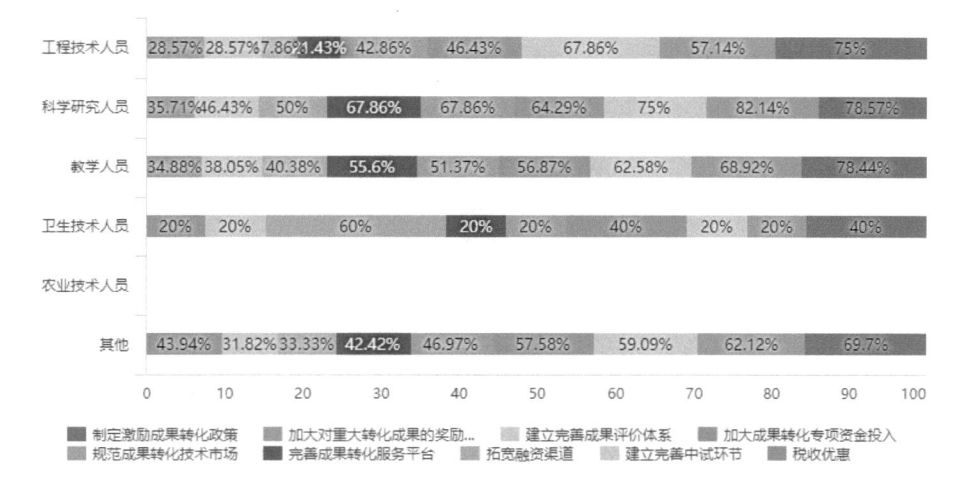

不同专业技术类别人员最希望政府及相关部门在科技成果转化方面提供的支持

二、秦皇岛市企业科技成果转化现状分析

为了解秦皇岛市企业吸引高校、科研院所的科技成果转化的现状和需求，进一步提高企业与驻秦高校科技成果转化率。课题组组织开展秦皇岛市企业科技成果转化情况专项调查问卷，本次问卷发放数量350份，有效回收327份，回收率93.43%。本次调查问卷分析详细情况如下：

（1）分析结果显示，问卷填写人员学历情况为受教育层次较高。本次问卷填写人群中博士研究生学历11人，硕士研究生学历110人，大学本科学历118人，大专学历64人，中专学历10人，高中及以下学历14人。大专及以上学历共303人，占比92.67%。

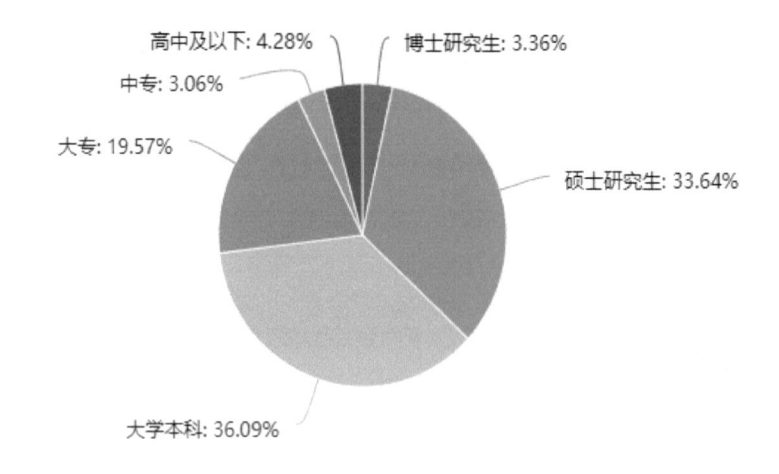

学历情况分布

（2）分析结果显示，问卷填写人员专业技术职称层次较高。本次问卷填写人群中正高级职称 15 人，副高级职称 78 人，中级职称 104 人，初级职称 42 人，无职称 88 人。中级及以上职称 197 人，占比 60.24%。

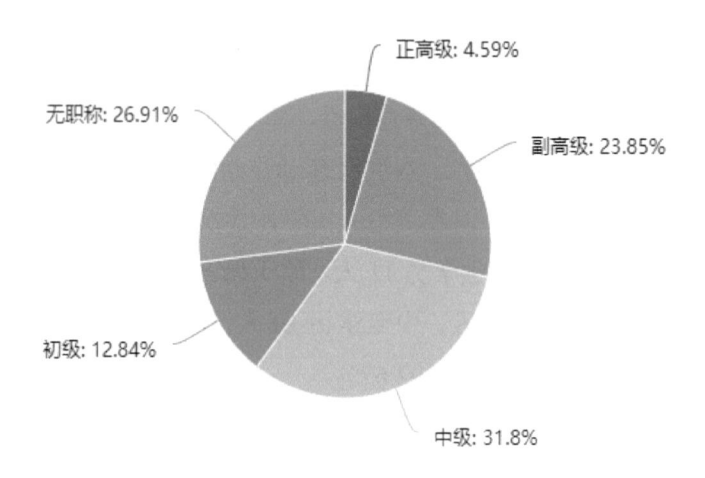

职称情况分布

（3）分析结果显示，问卷填写人员工龄时间较长。本次问卷填写人群中 30 年以上工龄 50 人，20～29 年工龄 38 人，10～19 年工龄 127 人，10

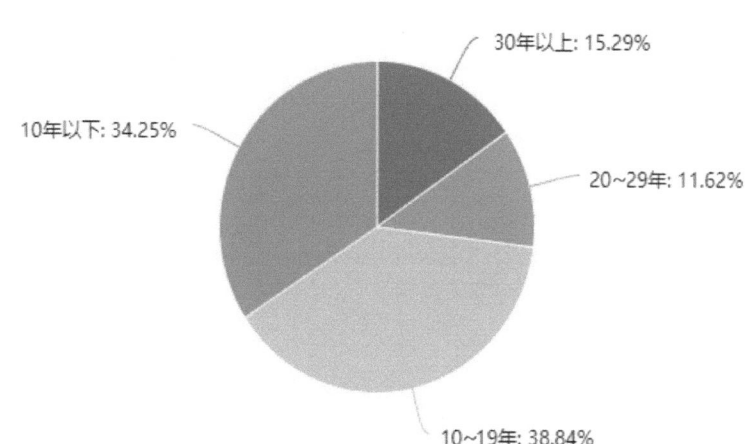

年以下工龄 112 人。工龄 10 年以上人群 215 人，占比 65.75%。

工龄情况分布

（4）分析结果显示，问卷填写人员政治面貌为党员、团员人数较多。本次问卷填写人群中共产党员 144 人，共青团员 61 人，民主党派 10 人，无党派人士 112 人。党员、团员共 205 人，占比 62.69%。

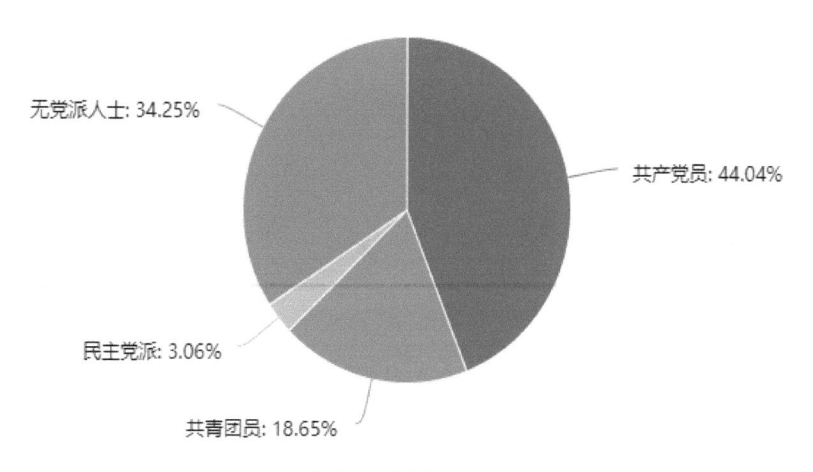

政治面貌情况分布

（5）分析结果显示，问卷填写人员所在企业性质为国有企业、民营企业较多。本次问卷填写人群来自不同类型的企业，其中企业性质是国有企业 69 人，独资企业 23 人，民营企业 96 人，合资企业 14 人，其他类型企业125人。国有企业和民营企业共占比50.46%。

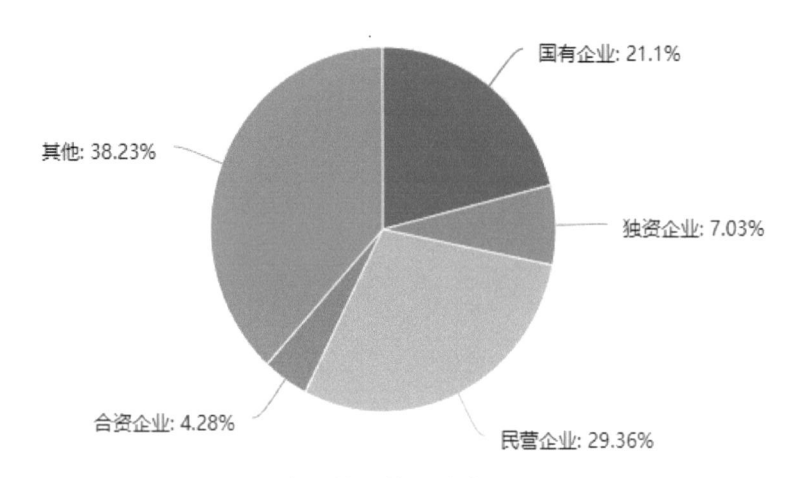

企业性质情况分布

（6）分析结果显示，问卷填写人员所在企业规模为中小型企业较多，其中20人以下企业24人，20～100人企业50人，100～500人企业95人，500人以上企业158人，占比48.32%。

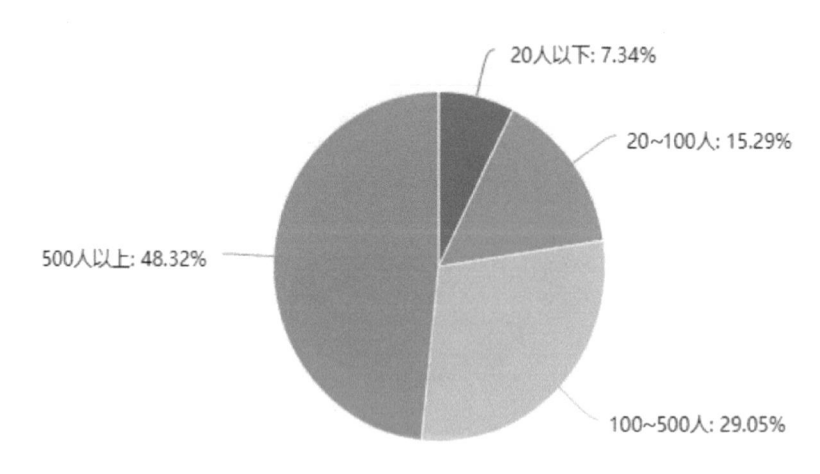

企业规模情况分布

（7）分析结果显示，企业科技成果主要类型以专利技术和其他成果较多。专利技术，占比43.12%；非专利技术，占比16.21%；软件著作权，占比20.49%；新品种登记，占比3.67%；其他成果，占比52.91%。

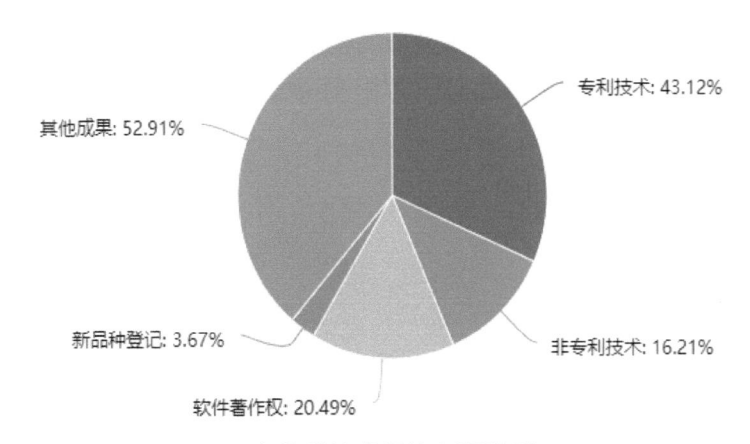

企业科技成果的主要类型

（本题为多选题，各项之和不等于100%）

分析结果显示，国有企业、合资企业中科技成果的主要类型是以专利技术为主，新品种登记形式在所有企业中所占比例最小。其中国有企业中专利技术占比64%，其他成果占比48%；在独资企业中其他成果占比48%，专利技术占比35%；在民营企业中其他成果占比49%，专利技术占比38%；在合资企业中专利技术占比71%，软件著作权占比43%；在其他类型企业中其他成果占比62%，专利技术占比34%。

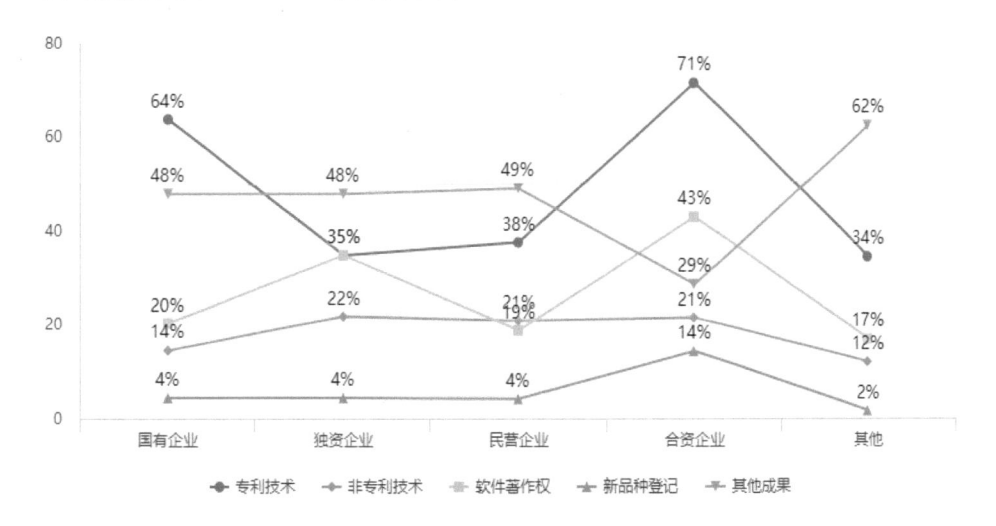

不同性质企业科技成果主要类型占比

（8）分析结果显示，自主研发形式较多。企业科技成果主要形式有自主研发，占比 56.57%；联合研发，占比 31.8%；委托其他机构研发，占比 8.26%；其他形式，占比 31.19%。

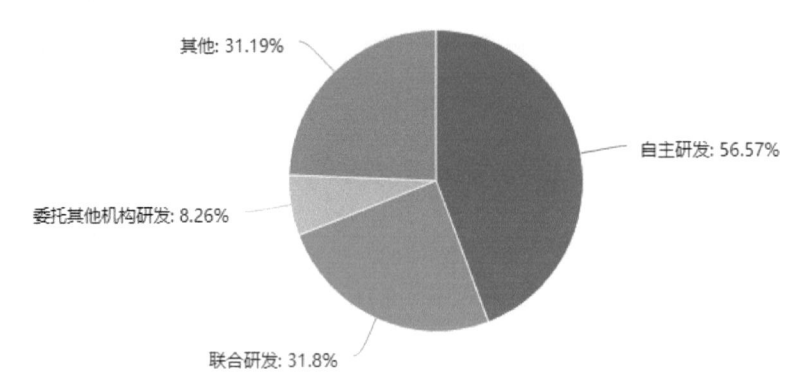

企业科技成果研发的主要形式

（本题为多选题，各项之和不等于 100%）

分析结果显示，企业的科技成果的主要形式是自主研发，其次是联合研发，委托其他机构研发形式在所有企业中占比都是最小。其中合资企业自主研发占比最高，达到 86%；其次是国有企业自主研发比例达到 68%。联合研发形式中国有企业占比最高，达到 49%，其次是合资企业达到 43%。

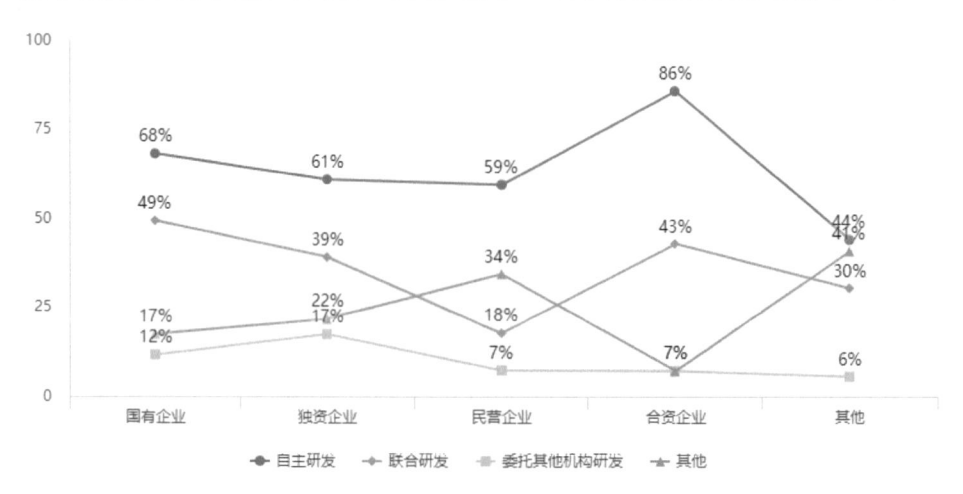

不同类型企业科技成果主要形式占比

第三章 高校科技成果转化现状分析

（9）分析结果显示，填写人员所在企业科技成果转化主要形式以技术服务为主。企业科技成果转化主要形式为自主生产，占比 36.39%；技术入股，占比 12.54%；技术转让，占比 12.23%；技术服务，占比 42.2%；其他形式，占比 30.89%。

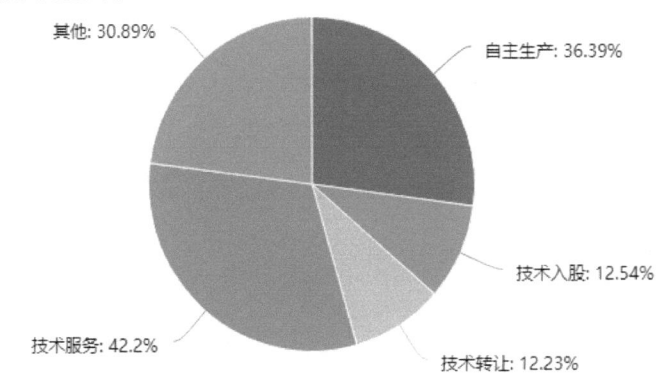

企业科技成果转化的主要形式

（本题为多选题，各项之和不等于 100%）

分析结果显示，在国有企业中科技成果转化最主要的形式为技术服务，技术服务占比 58%；在独资企业中科技成果最主要的转化形式为技术入股，技术入股占比 43%；在合资企业、民营企业中科技成果转化最主要的形式为自主生产，自主生产占比分别为 93% 和 48%。

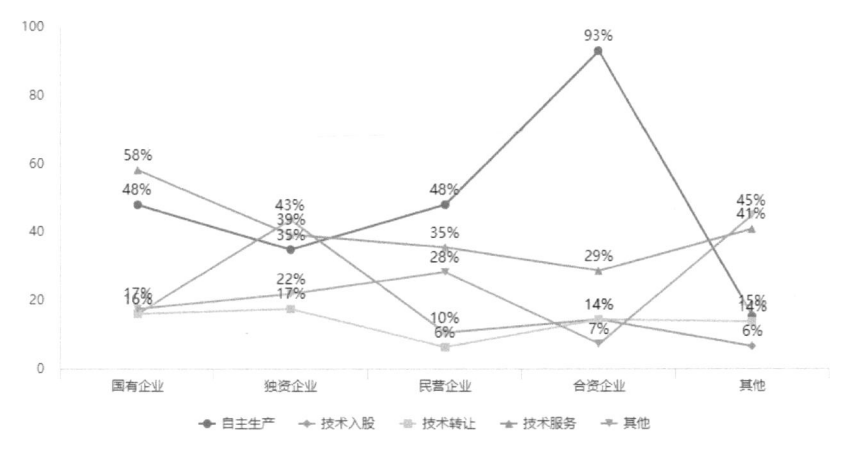

不同类型企业科技成果转化的主要形式

（10）分析结果显示，填写人员对目前我市科技成果转化政策的总体看法满意度较高，达到 79.81%。其中满意，占比 48.62%；较满意，占比 31.19%；不满意，占比 4.28%；不了解，占比 15.9%。

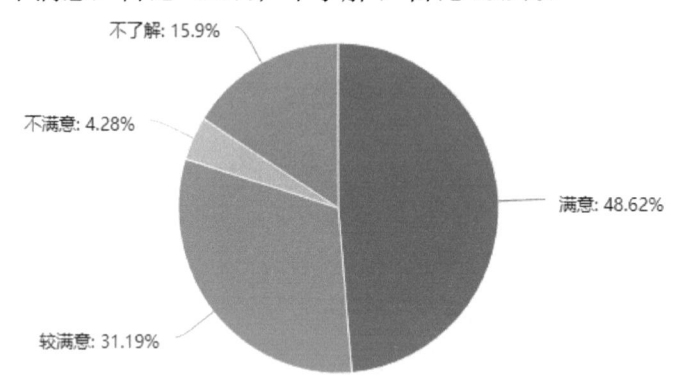

对目前我市科技成果转化政策的总体看法

对不同学历填表人员分析结果显示，对我市科技成果转化政策的看法回答主要集中在大学本科、硕士研究生层次。其中大学本科以上学历人员对我市科技成果转化政策总体看法为满意的，占比 73.58%；较满意的，占比 78.43%；不满意的，占比 78.57%；不了解的，占比 59.62%。说明在科技成果转化政策满意的同时也存在对科技成果转化政策不了解的问题，应加大科技成果转化政策的宣传、解读力度。

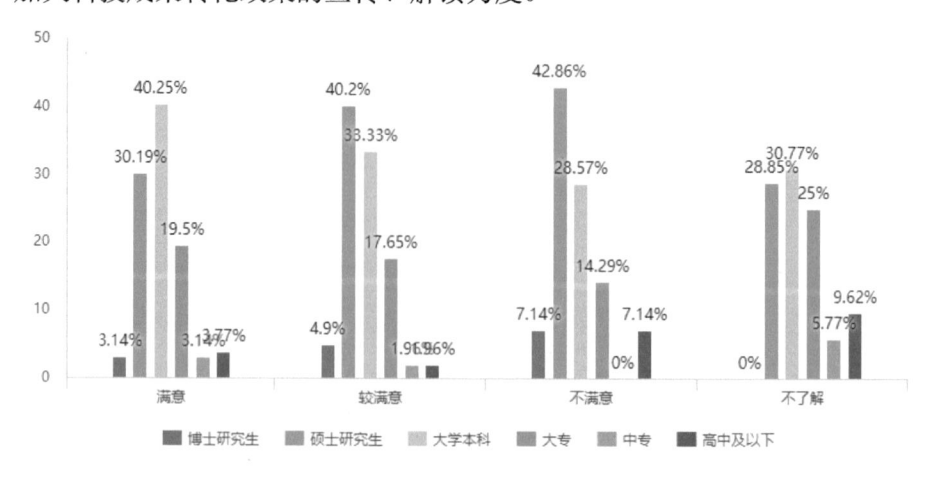

不同学历人员对我市科技成果转化政策的看法

对不同职称填表人员分析结果显示，对我市科技成果转化政策的看法回答主要集中在副高职称和中级职称，不了解政策主要集中在无职称。副高职称和中级职称满意的，占比 55.97%，副高职称和中级职称不满意的，占比 78.57%，副高职称和中级职称较满意的，占比 64.71%。其中满意和较满意主要集中在中级职称，占比 72.55%。

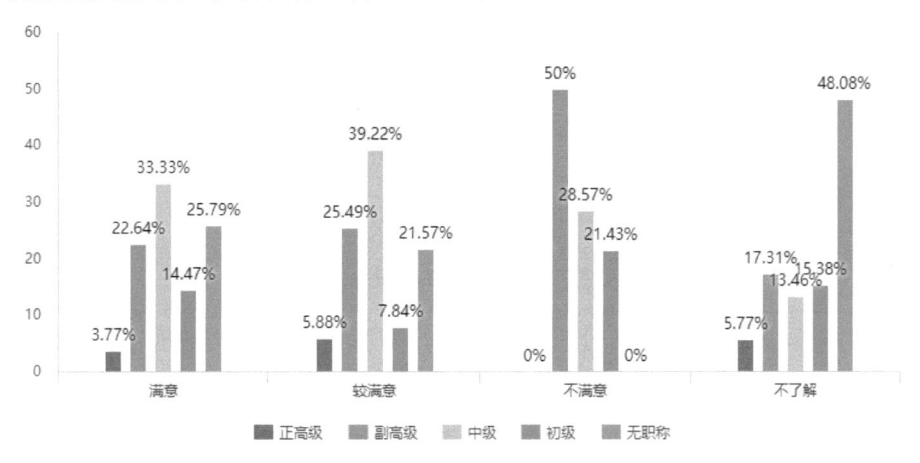

不同职称人员对我市科技成果转化政策的看法

（11）分析结果显示，填写人员所在企业参与政府部门组织的科技成果转化对接活动参与度不高，存在不了解现象。应加强宣传、搭建平台，提高企业参与度。填写人员对企业参与政府部门组织的科技成果转化对接活动情况了解程度：参与较多，占比 34.56%；参与较少，占比 35.78%；未参与，占比 6.12%；不了解，占比 23.55%。

企业参与政府部门组织的科技成果转化对接活动情况

对不同职称填表人员分析结果显示，对我市企业参与政府部门组织的科技成果转化对接活动了解较多的主要集中在副高级以上职称，不了解政策主要集中在无职称和初级职称。正高职称和副高职称人员对对接活动了解较多，分别占比40%和41%；中级职称人员对对接活动了解较少，占比44%；初级职称人员未参与活动比例最高，占比12%；无职称人员对活动不了解程度最高，占比39%。

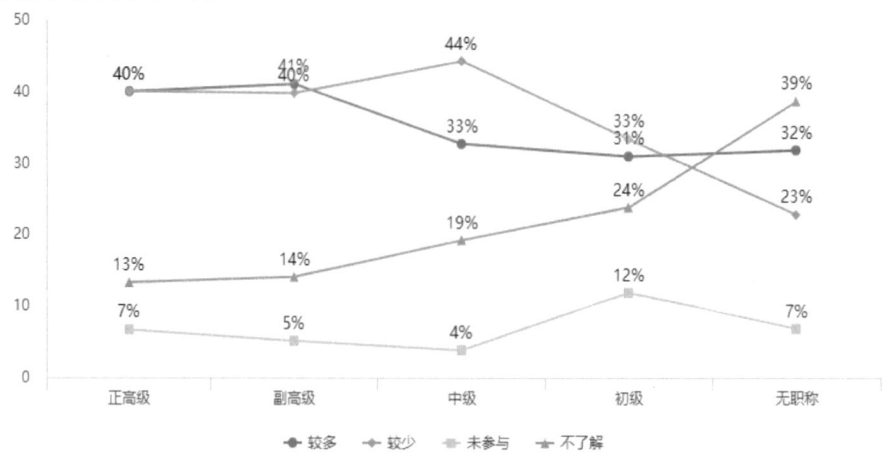

不同职称人员对企业参与政府部门组织的科技成果转化对接活动情况

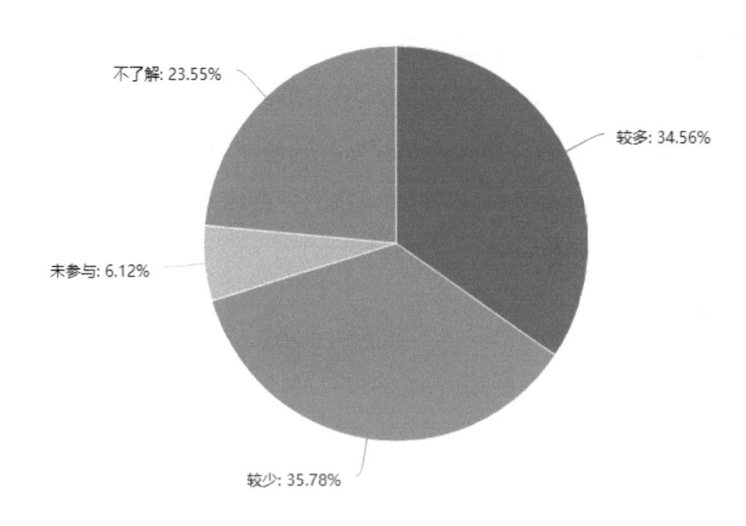

（12）分析结果显示，填写人员所在企业对科技成果转化享受政策优惠不够了解，享受优惠政策不多，应加强对科技成果转化的优惠政策的宣传、解读、落实力度。填写人员对所在企业科技成果转化享受政策优惠的情况：享受较多，占比 23.55%；享受较少，占比 32.72%；未享受，占比 6.73%；不了解，占比 37%。享受过科技成果转化政策优惠的企业共占 56.27%，不了解和未享受科技成果转化政策优惠的企业共占 43.73%。

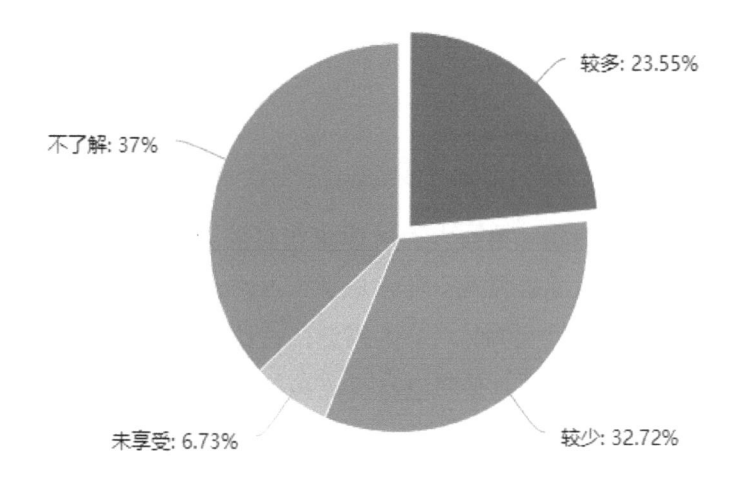

企业科技成果转化享受政策优惠的情况

在分析填写人员不同学历层次对科技成果转化享受政策优惠的情况时，显示大学本科以上学历人员享受科技成果转化政策优惠较多，说明学历层次高对优惠政策了解、掌握得比较好。大学本科以上学历认为享受科技成果转化政策优惠较多的，占比 83.11%；享受科技成果转化政策优惠较少的，占比 78.51%；未享受享受科技成果转化政策优惠的，占比 68.18%；不了解享受科技成果转化优惠政策的，占比 62.81%。

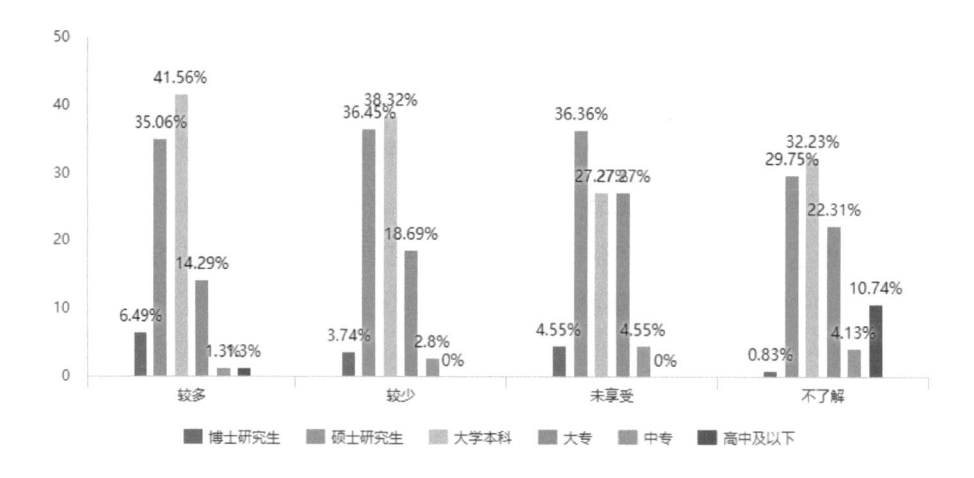

不同学历人员对企业科技成果转化享受政策优惠的情况

（13）分析结果显示，填写人员所在企业对接受高校的学生、科研人员到企业实习、就业意愿非常高。非常愿意，占比 50.15%；比较愿意，占比 27.22%；一般占比，18.96%；不太愿意，占比 1.53%；不愿意，占比 2.14%。从中可以看到，企业是愿意接受高校的学生、科研人员到企业实习、就业的。

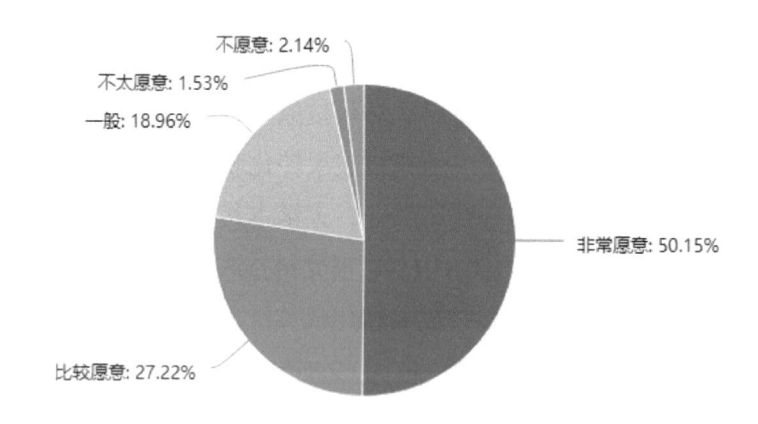

企业对接受高校的学生、科研人员到企业实习、就业情况

分析不同企业类型，调查人员认为独资企业接受高校的学生、科研人员到企业实习、就业意愿最高；合资企业不太愿意接受高校的学生、科研

人员到企业实习、就业。独资企业愿意接受占比 91%；合资企业不愿意占比 14%。

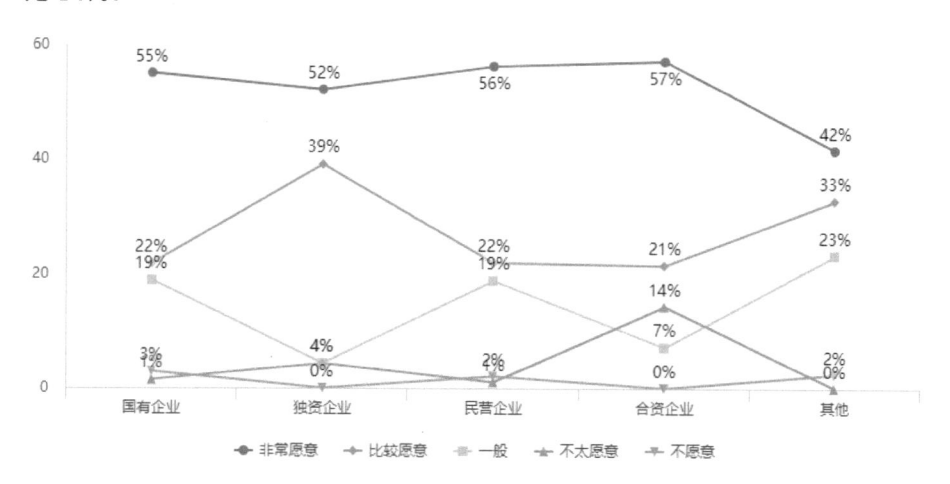

不同类型企业对接受高校的学生、科研人员到企业实习、就业情况

（14）分析结果显示，填写人员认为所在企业科技成果转化存在问题主要责任主体是政府和企事业单位。填写人员认为所在企业科技成果转化存在问题主要责任主体是政府的，占比 40.06%；企事业单位的，占比 39.14%；高校的，占比 23.24%；科研院所的，占比 20.49%。其他的，占比 33.33%。

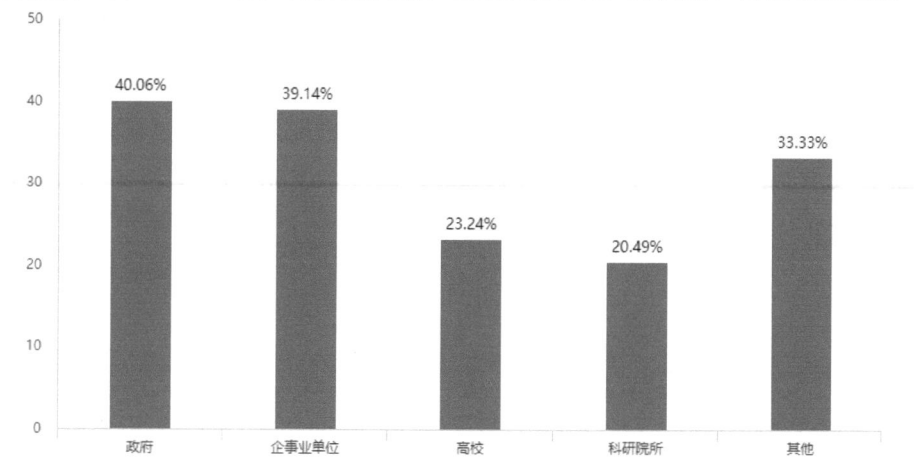

调查人员认为企业科技成果转化存在问题主要责任主体情况

（本题为多选题，各项之和不等于 100%）

分析不同企业类型，调查人员认为企业科技成果转化存在问题主要责任主体中，国有企业、独资企业、民营企业、合资企业和其他类型都普遍认为政府是责任主体，分别占比 51%、43%、40%、36%、35%；合资企业认为企事业单位的主体责任更为突出，占比 57%。

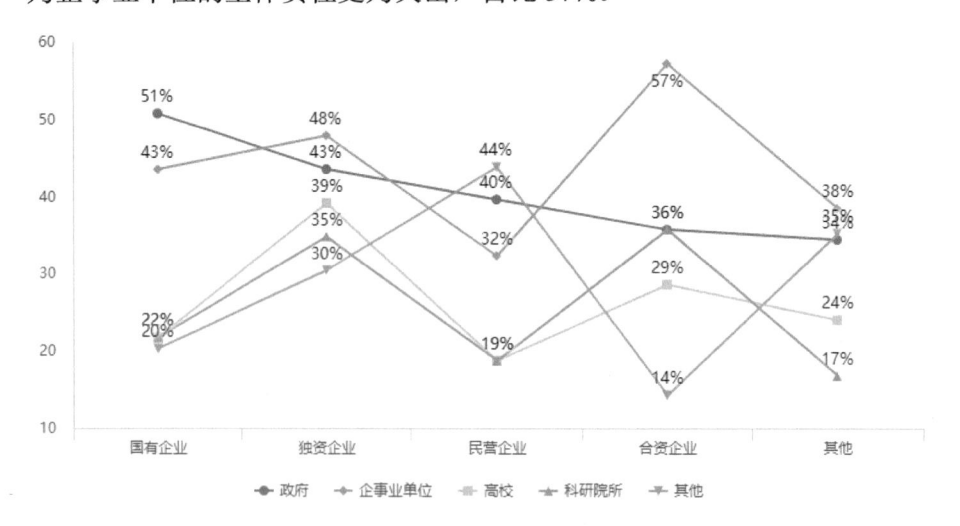

不同企业类型调查人员认为企业科技成果转化存在问题主要责任主体情况

（本题为多选题，各项之和不等于 100%）

（15）分析结果显示，填写人员所在企业吸收科技成果的主要来源为自选课题成果和合作成果（产学研合作等）。政府科技计划成果，占比 37.61%；横向（企业）委托成果，占比 26.91%；自选课题成果，占比 44.95%；合作成果（产学研合作等），占比 46.79%；外购技术或成果，占比 16.51%；其他，占比 34.25%。

第三章 高校科技成果转化现状分析

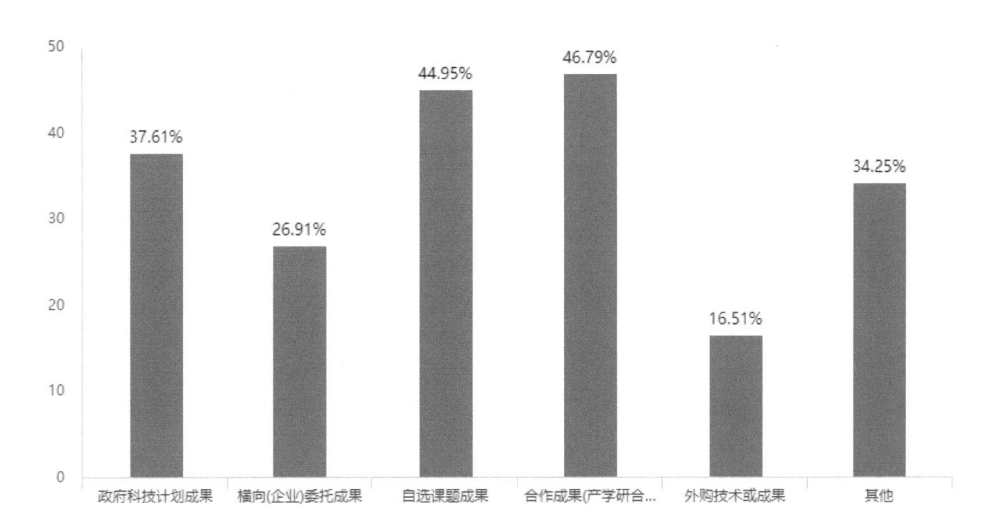

企业吸收科技成果的主要来源

（本题为多选题，各项之和不等于100%）

分析不同类型企业吸收科技成果的来源显示，国有企业主要来源是自选课题成果、政府科技计划成果和横向委托成果；独资企业主要来源是合作成果；民营企业主要来源是合作成果和其他途径；合资企业主要来源是自选课题成果。

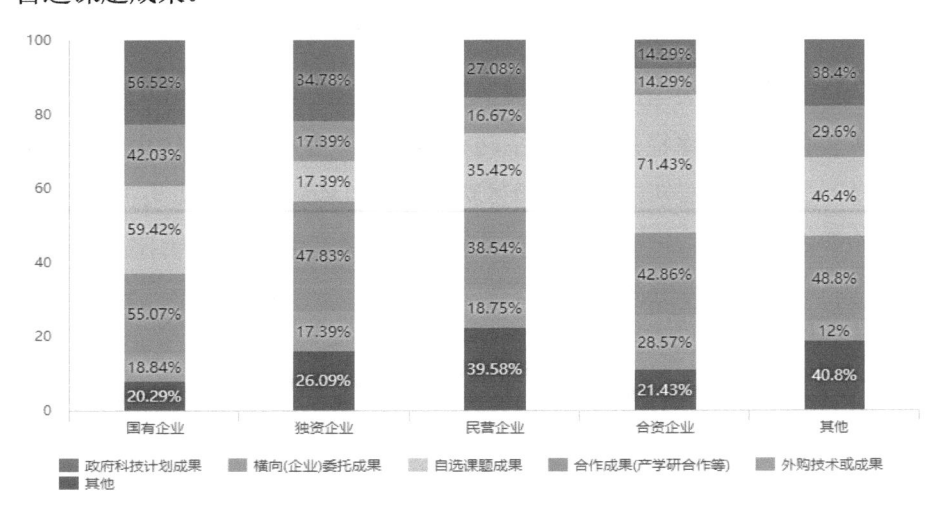

不同类型企业吸收科技成果的主要来源

（16）分析结果显示，填写人员所在企业科技成果转化的主要途径是企业自主转化、参加产学研交流活动和参加技术交易平台。直接向投资机构或企业推介，占比 33.03%；通过科技中介机构，占比 22.32%；参加技术交易平台，占比 35.78%；参加产学研交流活动，占比 40.06%；企业自主转化，占比 42.2%；其他途径，占比 24.46%。

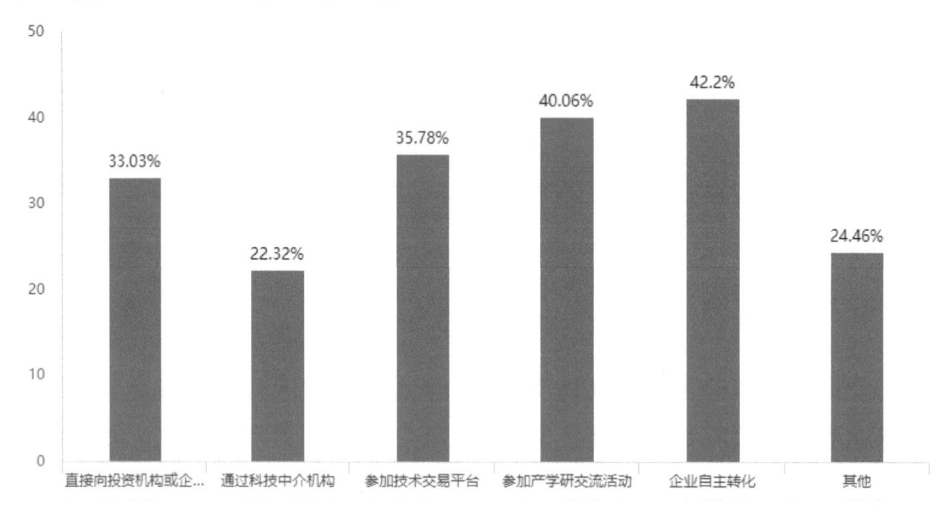

企业科技成果转化的主要途径

（本题为多选题，各项之和不等于 100%）

分析不同企业类型，调查人员认为合资企业、国有企业和民营企业科技成果转化的主要途径是企业自主转化；独资企业科技成果转化的主要途径是参加产学研交流活动。企业通过科技中介机构转化科技成果占比最少。合资企业自主转化占比最高，达到 86%；国有企业自主转化占比 57%；民营企业自主转化占比 48%。

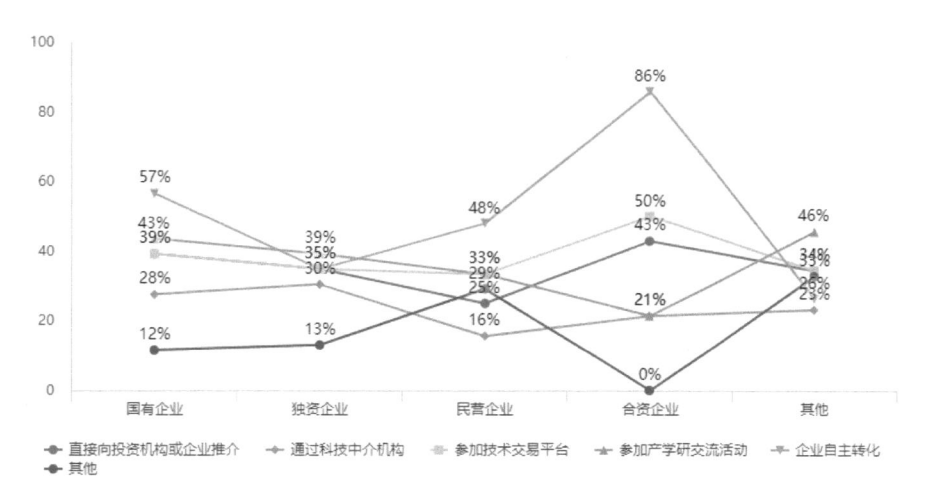

不同类型企业科技成果转化的主要途径

（17）分析结果显示，制约科技成果转化的内部因素主要集中在技术产业化条件不成熟、推广经费不足、缺乏良好的转化合作机制和缺乏高技术专业人才。制约科技成果转化的内部因素包括：技术产业化条件不成熟，占比 43.73%；管理体制不健全，占比 35.17%；成果信息宣传不够，占比 33.94%；成果不适应市场需求，占比 30.28%；推广经费不足，占比 37.31%；缺乏良好的转化合作机制，占比 36.39%；缺乏高技术专业人才，占比 36.39%；其他因素，占比 21.41%。

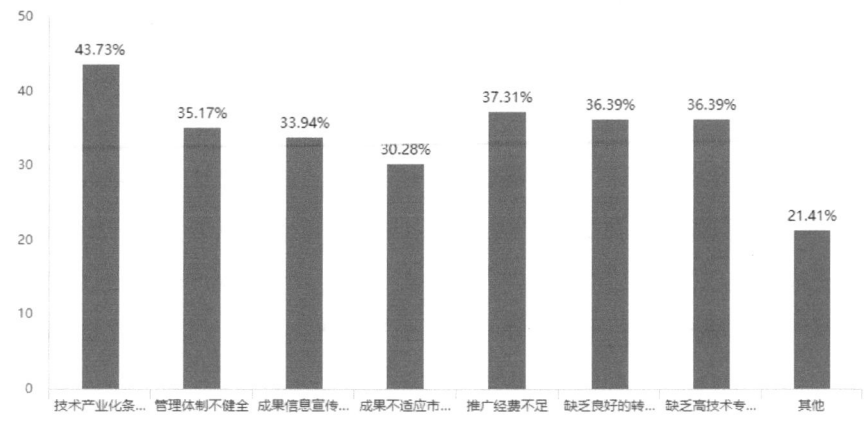

制约科技成果转化的内部因素

（本题为多选题，各项之和不等于 100%）

在分析填写人员不同学历层次认为制约科技成果转化的内部因素时，显示大学本科以上学历人员的观点主要集中在技术产业化条件不成熟、管理体制不健全、成果信息宣传不够和缺乏良好的转化合作机制；显示大专及以下学历人员观点主要集中在缺乏高技术专业人才和推广经费不足。

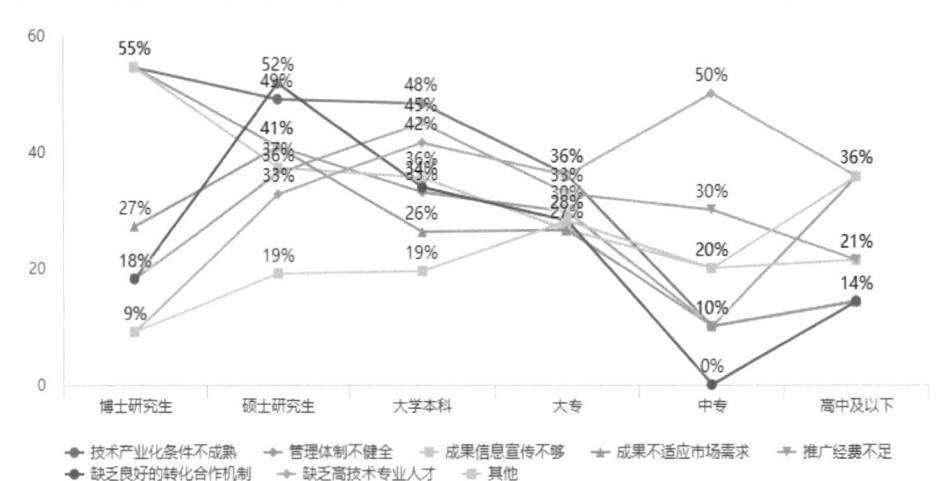

不同学历人员认为制约科技成果转化的内部因素

（18）分析结果显示，制约科技成果转化的外部因素主要集中在政府缺乏相应的鼓励政策、知识产权保护体制不完善、政府缺乏相应的资金支持和产学研交流合作渠道不畅。填写人员认为制约科技成果转化的外部因素包括：政府缺乏相应的鼓励政策，占比 46.18%；知识产权保护体制不完善，占比 37%；技术产权交易体制不完善，占比 30.28%；科技中介服务体系不完善，占比 24.46%；政府缺乏相应的资金支持，占比 33.94%；产学研交流合作渠道不畅，占比 32.11%；缺乏中试、检测等服务平台，占比 25.08%；缺乏权威科技成果转化服务平台，占比 22.94%；缺少风险投资，占比 21.71%；考核制度对成果转化缺乏激励作用，占比 19.27%；其他因素，占比 21.41%。

第三章 高校科技成果转化现状分析

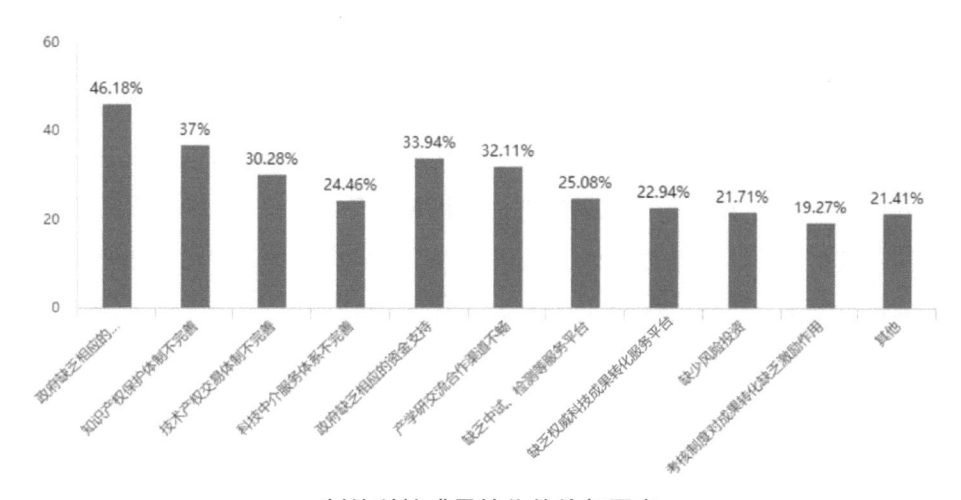

制约科技成果转化的外部因素

（本题为多选题，各项之和不等于100%）

在分析填写人员不同学历层次认为制约科技成果转化的外部因素时，显示大学本科以上学历人员的观点主要集中在政府缺乏相应的鼓励政策、产学研交流合作渠道不畅和政府缺乏相应的资金支持；显示大专及以下学历人员观点集中在政府缺乏相应的鼓励政策和知识产权保护体制不完善。

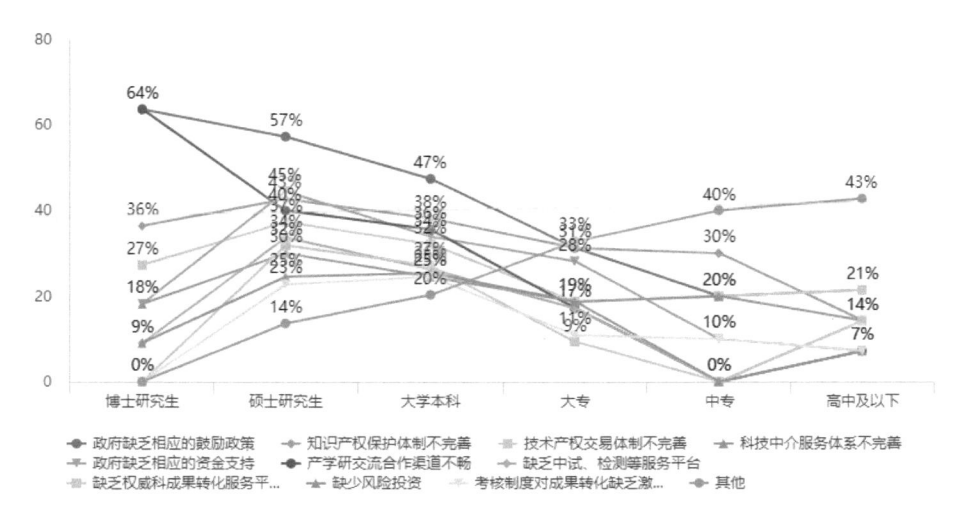

不同学历人员认为制约科技成果转化的外部因素

（19）分析结果显示，企业科技成果转化最需要社会提供的支持或服务是资金支持、技术支持；其次是成果的宣传、推介服务。调查人员认为企业科技成果转化需要社会提供的支持或服务包括：资金支持，占比66.36%；技术支持，占比53.52%；成果的评估、包装服务，占比37%；成果转化的代理、谈判服务，占比27.22%；成果的宣传、推介服务，占比44.95%；相关的信息服务，占比25.08%；其他，占比17.74%。

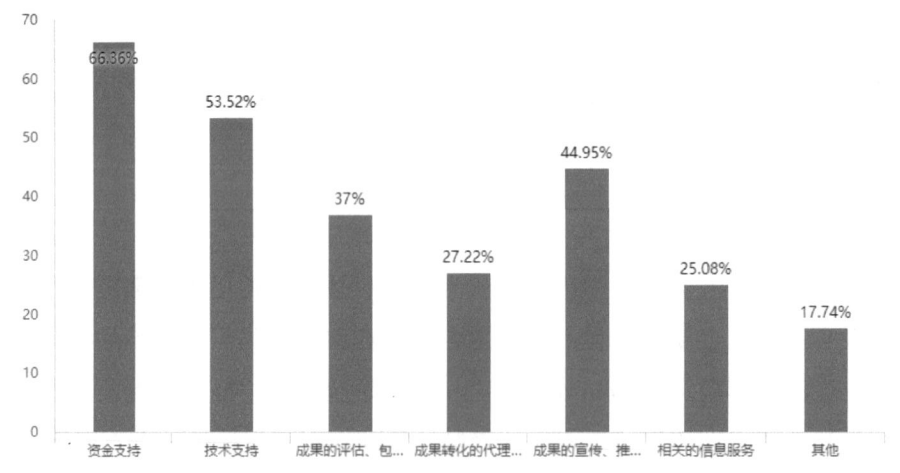

企业科技成果转化需要社会提供的支持或服务

（本题为多选题，各项之和不等于100%）

在分析填写人员不同学历层次认为企业科技成果转化需要社会提供的支持或服务时，显示大学专科以上学历人员的观点主要集中在资金支持、技术支持和成果的宣传、推介服务。显示中专、高中及以下学历人员观点集中在技术支持和成果的宣传、推介服务。成果的评估、包装服务只在硕士研究生和本科生中需求较大，其他层次人员需求较少。成果转化的代理、谈判服务和相关的信息服务普遍不是最主要需求。

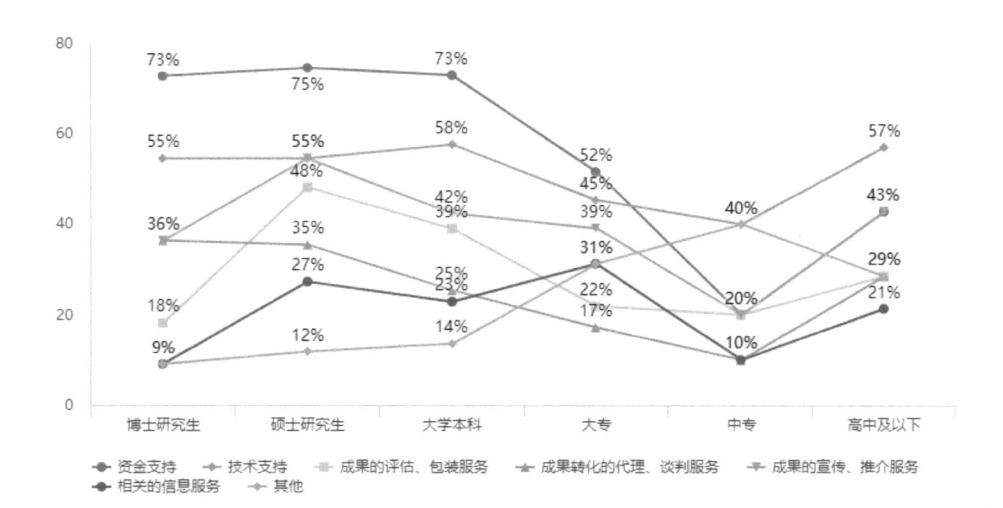

不同学历人员认为企业科技成果转化需要社会提供的支持或服务

（20）分析结果显示，填写人员认为科技管理部门在企业科技成果转化过程中最应该加强的工作是建立完善的成果交易市场、增加科技成果转化资金投入和出台鼓励成果转化的优惠政策。科技管理部门在企业科技成果转化过程中应加强的工作包括：建立完善的成果交易市场，占比50.15%；增加科技成果转化资金投入，占比 50.76%；设立科技成果转化引导基金，占比41.9%；出台鼓励成果转化的优惠政策，占比49.24%；政策指导与解读，占比35.78%；提供针对性的培训、咨询服务，占比31.8%；发展科技中介，特别是成果转化代理（谈判）机构，占比19.27%；定期组织技术成果方与投资者对接洽谈活动，占比24.16%；其他，占比17.74%。

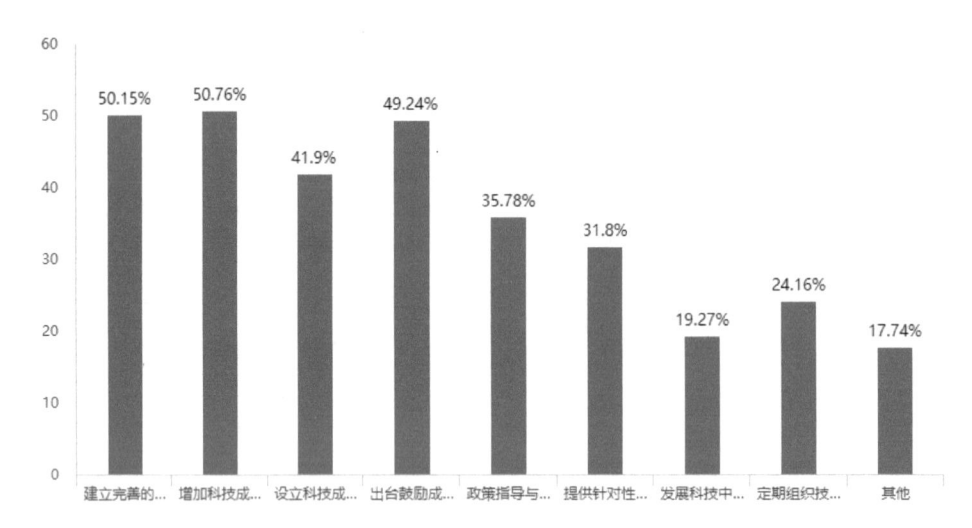

科技管理部门在企业科技成果转化过程中应加强的工作

（本题为多选题，各项之和不等于100%）

在分析填写人员不同学历层次认为科技管理部门在企业科技成果转化过程中应加强的工作时，显示大学专科以上学历人员的观点主要集中在建立完善的成果交易市场、出台鼓励成果转化的优惠政策和设立科技成果转化引导基金。

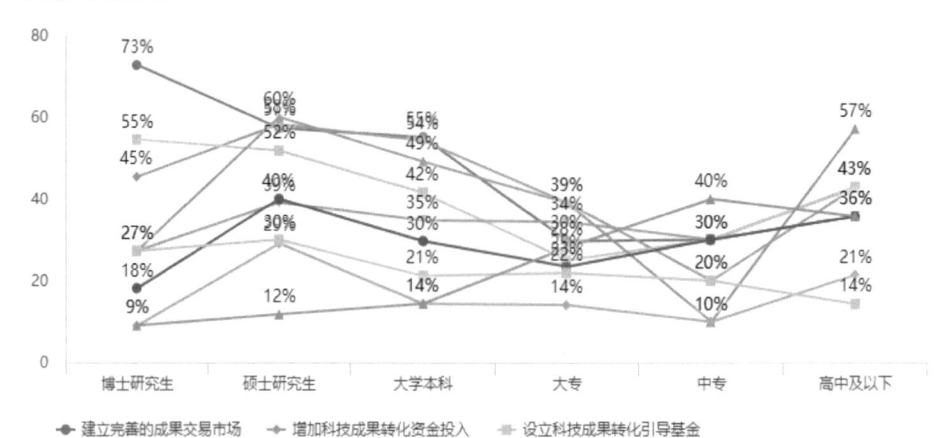

不同学历人员认为科技管理部门在企业科技成果转化过程中应加强的工作

（21）分析结果显示，企业与高校、科研院所主要合作方式是合作研发、教学—科研—生产联合体和共建研发平台。企业与高校、科研院所合作方式具体如下：合作研发187人，占比57.19%；教学—科研—生产联合体116人，占比35.47%；共建研发平台108人，占比33.03%；其他76人，占比23.24%；技术转让75人，占比22.94%；技术入股75人，占比22.94%；委托研发73人，占比22.32%。

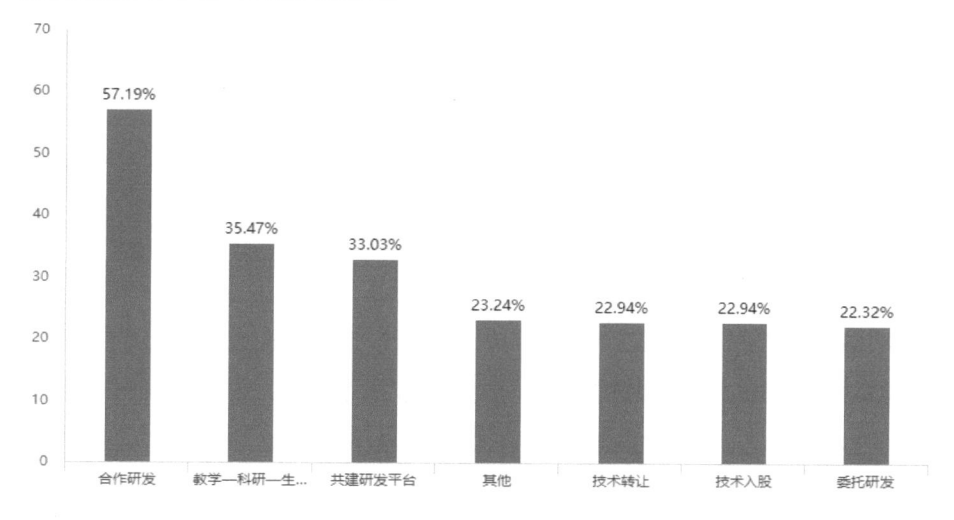

企业与高校、科研院所合作方式

分析不同企业类型，调查人员认为合资企业与高校、科研院所主要合作方式是合作研发和共建研发平台，分别占比79%和50%；国有企业与高校、科研院所主要合作方式是合作研发和教学—科研—生产联合体，分别占比65%和41%；独资企业与高校、科研院所主要合作方式是合作研发和教学—科研—生产联合体，占比都是43%；民营企业与高校、科研院所主要合作方式是合作研发和共建研发平台，分别占比57%和32%。技术转让、技术入股还有委托研发还不是企业与高校、科研院所主要合作方式。

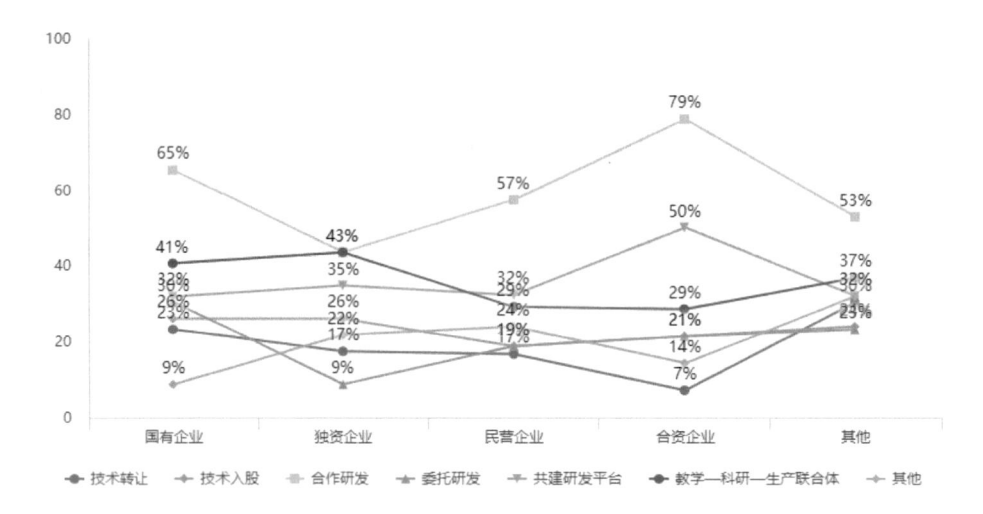

不同类型企业与高校、科研院所合作方式

（22）分析结果显示，企业需要的技术成果主要处于实验室技术阶段、产业化技术阶段和批量生产技术阶段。企业需要的技术成果所处阶段如下：实验室技术 130 人，占比 39.76%；产业化技术 118 人，占比 36.09%；批量生产技术 112 人，占比 34.25%；中试技术 92 人，占比 28.13%；小试技术 85 人，占比 25.99%；产业化后期技术 63 人，占比 19.27%。

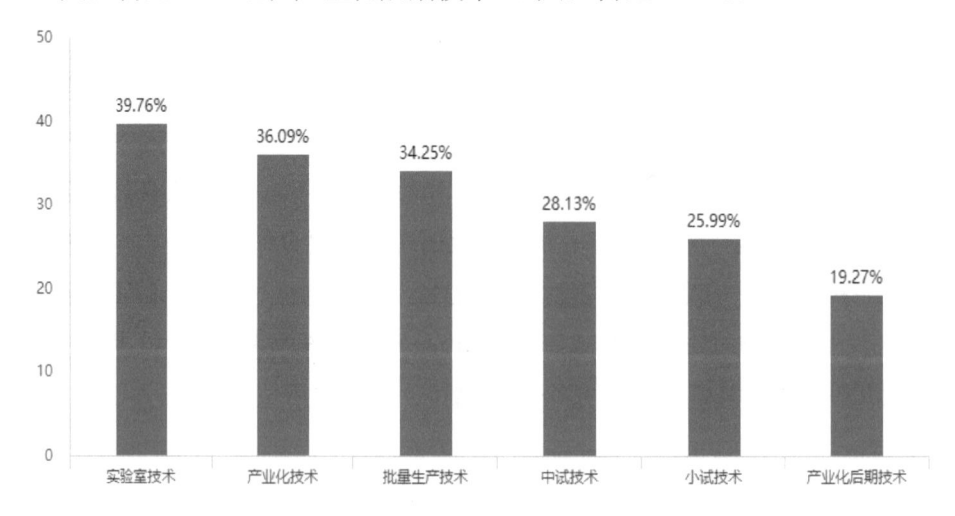

企业需要的技术成果所处阶段

分析不同企业类型，调查人员认为国有企业需要的技术成果所处阶段主要是产业化技术、实验室技术和批量生产技术，分别占比43%、41%和41%；独资企业需要的技术成果所处阶段主要是实验室技术、中试技术和产业化技术，分别占比57%、35%和35%；民营企业需要的技术成果所处阶段主要是产业化技术、批量生产技术和中试技术，分别占比44%、41%和32%；合资企业需要的技术成果所处阶段主要是产业化技术、批量生产技术和中试技术，占比都是50%。产业化后期技术所占比例普遍偏低。

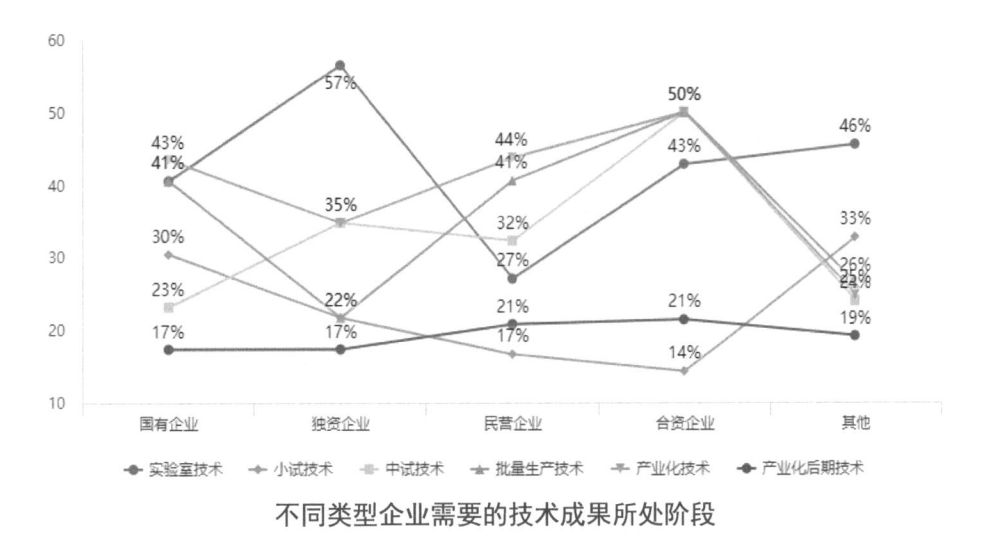

不同类型企业需要的技术成果所处阶段

（23）分析结果显示，企业科技成果转化的资金主要来源于自有资金投入、合作方资金投入和政府资金支持。企业科技成果转化的资金主要来源如下：自有资金投入158人，占比48.32%；合作方资金投入118人，占比36.09%；政府资金支持115人，占比35.17%；其他74人，占比22.63%；风险投资公司投入55人，占比16.82%；银行借贷55人，占比16.82%；融资53人，占比16.21%。

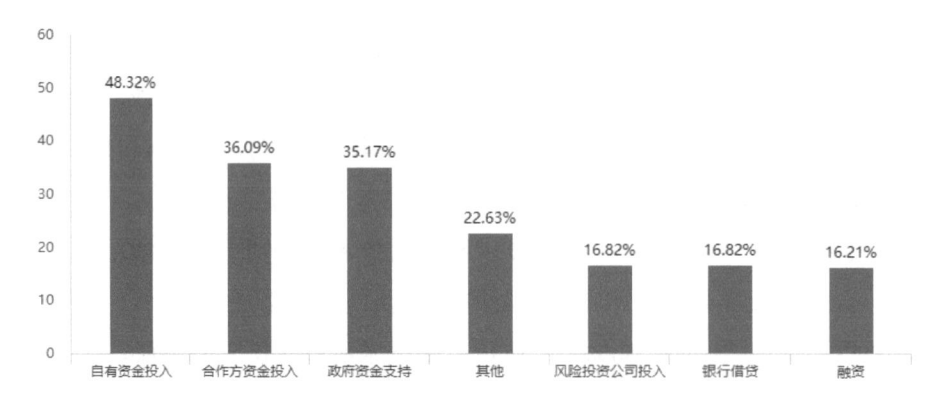

高校科技成果转化对策研究
——以秦皇岛市为例

企业科技成果转化的资金主要来源

分析不同企业类型，调查人员认为合资企业、国有企业和民营企业科技成果转化的资金主要来源是自有资金投入，分别占比86%、61%和58%；独资企业科技成果转化的资金主要来源是融资，占比43%。自由资金投入和融资的过多投入都会增加企业的风险，应增加多种资金来源促进科技成果转化。

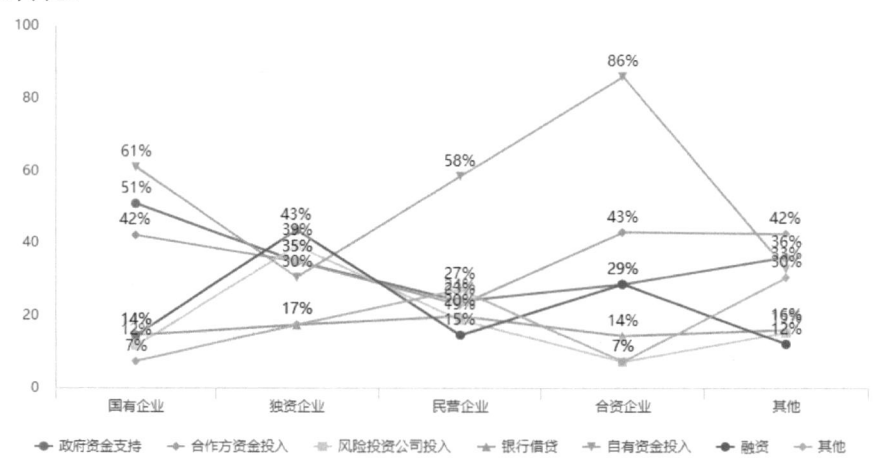

不同类型企业科技成果转化的资金主要来源

（24）分析结果显示，企业科技成果转化最需要的政策是专项资金支持、财政补贴和人才政策。企业科技成果转化最需要的政策如下：专项资金支持199人，占比60.86%；财政补贴177人，占比54.13%；人才政策

157人，占比48.01%；税费政策147人，占比44.95%；平台建设政策103人，占比31.5%；融资政策86人，占比26.3%；其他64人，占比19.57%。

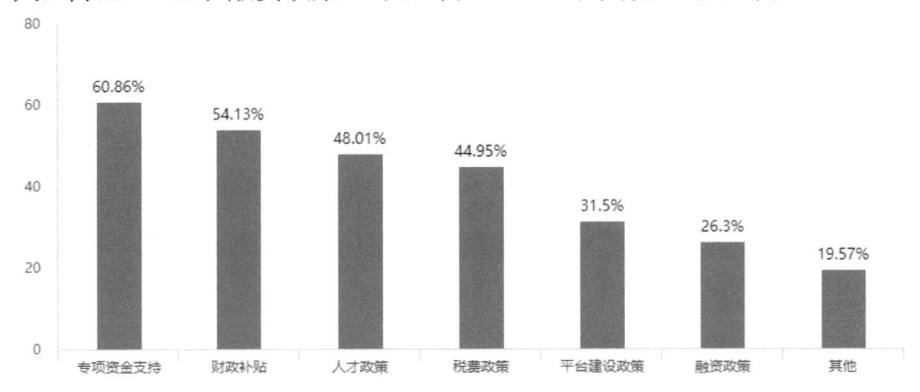

企业科技成果转化最需要的政策

分析不同企业类型，调查人员认为国有企业科技成果转化最需要的政策是专项资金支持、人才政策和财政补贴，分别占比74%、55%和54%；独资企业科技成果转化最需要的政策是人才政策、专项资金支持和财政补贴，分别占比57%、43%和30%；民营企业科技成果转化最需要的政策是财政补贴、专项资金支持和税费政策，分别占比58%、53%和53%；合资企业科技成果转化最需要的政策是专项资金支持、财政补贴和税费政策，占比都是93%。平台建设政策和融资政策目前企业需求不高，可以修订相关政策，促进企业科技成果转化。

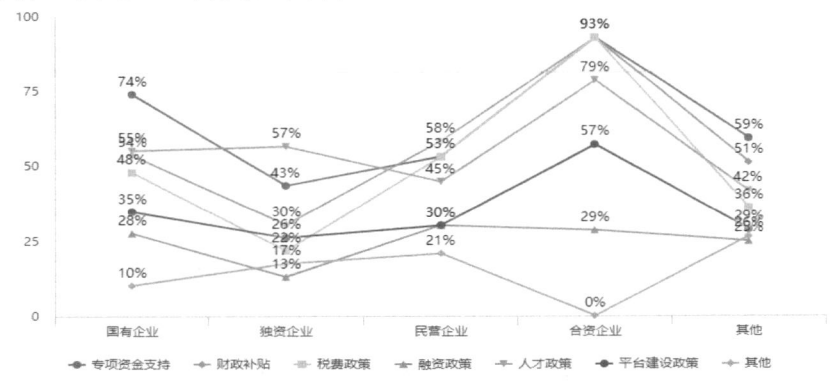

不同类型企业科技成果转化所需要的政策

（25）分析结果显示，企业科技成果转化中最急需政府、中介机构等提供的专业服务是产学研合作的供需信息服务、国家相关政策研究和解读与人才引进、培育、对接服务。企业科技成果转化中急需政府、中介机构等提供的专业服务包括：产学研合作的供需信息服务 176 人，占比 53.82%；国家相关政策研究和解读 174 人，占比 53.21%；人才引进、培育、对接服务 164 人，占比 50.15%；科技成果金融、法律、知识产权咨询等服务 154 人，占比 47.09%；科技成果中试专业服务 127 人，占比 38.84%；其他 71 人，占比 21.71%。

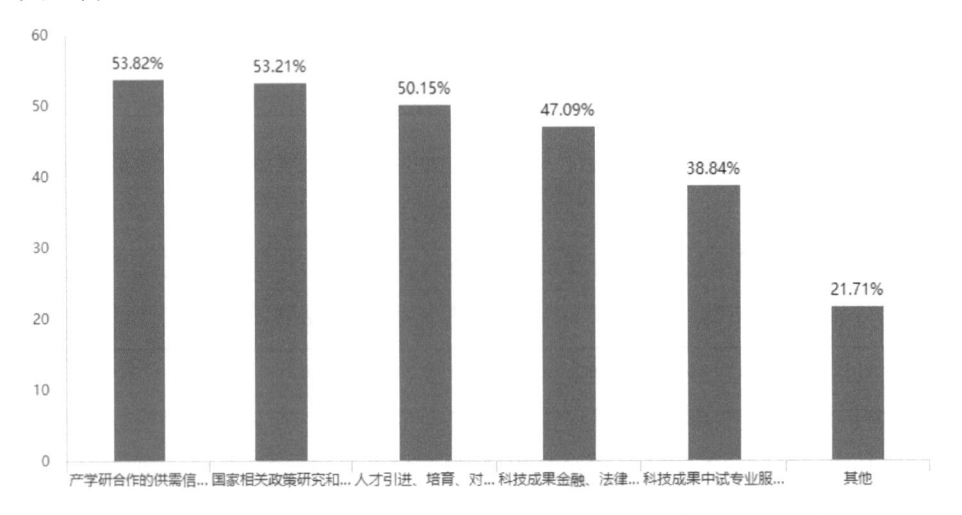

企业科技成果转化中急需政府、中介机构等提供的专业服务

分析不同企业类型，调查人员认为国有企业科技成果转化中急需政府、中介机构等提供的专业服务是国家相关政策研究和解读、产学研合作的供需信息服务和科技成果金融、法律、知识产权咨询等服务，分别占比 64%、62%和 55%；独资企业科技成果转化中急需政府、中介机构等提供的专业服务是国家相关政策研究和解读，人才引进、培育、对接服务和产学研合作的供需信息服务，分别占比 43%、43%和 35%；民营企业科技成果转化中急需政府、中介机构等提供的专业服务是人才引进、培育、对接服务，国家相关政策研究和解读与产学研合作的供需信息服务，分别占比 51%、49%

和 45%；合资企业科技成果转化中急需政府、中介机构等提供的专业服务是人才引进、培育、对接服务，科技成果金融、法律、知识产权咨询等服务和科技成果中试专业服务，分别占比 79%、71%和 64%。分析显示，不同企业急需政府、中介机构等提供的专业服务侧重有所不同。

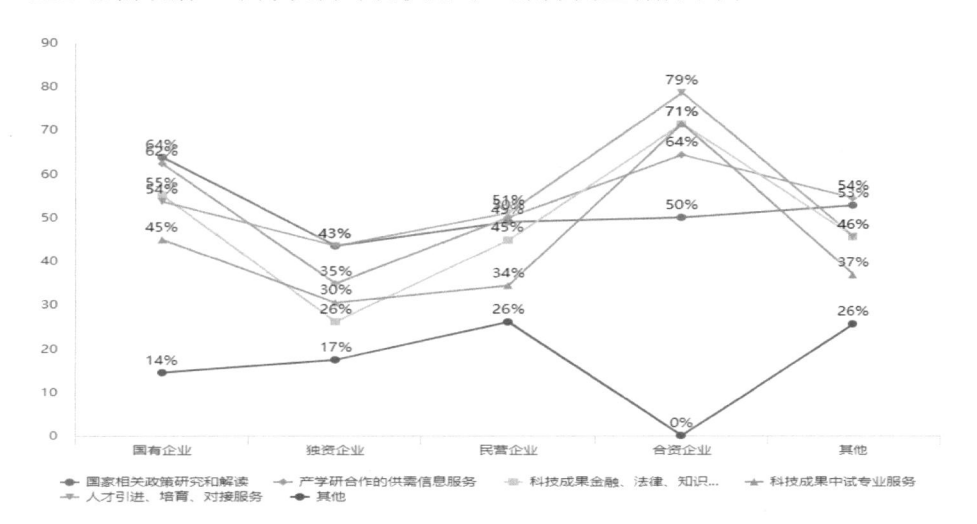

不同类型企业科技成果转化中急需政府、中介机构等提供的专业服务

第四章　高校对科技成果转化的建议

笔者通过对秦皇岛市各高校、科研院所、企业和相关科技工作部门等进行有关科技成果转化工作方面进行调研学习，归纳总结出秦皇岛市各高校领导、专家、学者、科研人员、一线教师、企业管理者、科技工作者对科技成果转化提出的意见和建议。

一、搭建校企合作平台

（1）建立校企合作信息交流网络平台。以组织科技成果推介会、组织高校科研人员到企业进行技术指导等形式搭建校企合作平台，促进科技成果转化。

（2）学校与大型企事业单位建立技术合作对接交流的平台。进一步提升与地方政府、行业的合作层次与水平，积极推动科研成果与地方产业发展紧密对接。比如：推进技术转移中心山海关区分中心、海港区分中心的实质运行。

（3）建设一批专业化、特色化的创新成果转化平台。引进和培育一批具有国内影响力的优秀科技服务机构，支持技术转移机构专业化、市场化发展。

（4）建立高职院校与企业之间的沟通机制。及时发布高职院校的科技成果信息和企业的技术需求信息，建立起高职院校与企业间的信息互动，完善信息服务工作。

二、建立中试基地和校办科技产业

政府推动高校创办中试基地和校办科技产业，优化转移转化环境，为高校配套，解决高校中试物理空间受限的难题，使高校科技成果从实验室里走出来，服务科技成果转化。扶持高校和企业进行成果转化学校的科技成果相当一部分是小试成果（实验室成果），实现商业转化还不成熟，但是由于学校自身条件的限制，无法进行中试，这些成果，企业投资意愿较低，最终无法实现真正转化。建议政府采用财政引导，促使企业积极投入科技成果中试环节，最终将这些有转化潜能的成果实现商业转化。

三、政府加大专项资金投资力度

（1）目前我市科技计划项目中虽然设置了此类项目，但最终获批的数量和经费较少，建议政府加大资金投入力度。

（2）市政府提供平台，使金融部门、企业参与高校的科技成果转化工作，吸引社会资金投资，加强创新成果在实践中的开发应用。

四、出台科技成果转化的利好政策

（1）设立补助项目支持。摸清各高校优势专业领域，设立补助项目，遴选转化率高、市场前景好的科技成果进行培育，有针对性地引导、扶持高校科研团队，加快推动科技成果转移转化。

（2）政府以企业为中心，发挥政策主导，进一步提升企业对科技创新工作的参与度和积极性。目前，企业并没有真正成为技术转移体系的主体，技术消化和创新能力明显不足，受传统产业结构和市场环境影响，传统产业中的企业收益稳定，简单的扩大再生产更有吸引力，他们并不愿意将资金投入提升自身创新水平的新技术引进或者尝试进入新的领域，也不愿意帮助科技成果进行转移放大所需的中试等阶段。

（3）对科技成果转化团队、创新创业团队等进行有针对性的辅导和培训，提高政策实施的针对性和有效性。梳理政策条文，细化操作指南，让政策看得到、拿得到，优化科技成果转化环境。

（4）政府为高职院校科技成果转化提供强有力的配套服务，例如针对成果转化企业开设专门的绿色服务通道，并减免服务收费、简化申办流程、减免税收等，鼓励校企合作，促进科技成果转化。

五、办好办实科技成果直通车活动

有计划地开展科技成果直通车活动，为高校科技成果和企业技术需求搭好"桥梁"，当好"红娘"，精准推送科技成果，促成有效对接。政府根据国家和地方经济产业发展需求，及时发布科技需求信息和项目申请指南，引导高职院校教师围绕国家和各地区的技术难题和科研热点开展有针对性的研究，这样的科研成果才能有市场，才能迅速转化为现实生产力。

六、定期组织高校专家企业行活动

（1）组织相关高校科研人员深入企业一线，围绕企业产品发展方向和生产实际，挖掘企业真正技术需求和成果需求，开展有目的的科技成果研发、创造和新技术开发，结合产业需求把握科研立项方向，使科技成果和技术能真正为企业解决技术问题，给企业带来实际效益，进而促进科技成果转化。

（2）市政府应通过培训或驻点帮扶等多种形式提升企业科技工作人员的技术能力和水平，帮助企业理解科技成果转化的意义和流程，提升企业对科技成果的承接和运用能力，保障成果得以有效运用，使企业真正可以享受到高校的科研成果带来的效益。

七、高校建立完善的科技成果转化综合体系

高校成立专门推动科技成果转化工作领导小组，由高校领导担任组长；分管校领导、高校办公室、科研部门、人事部门、财务部门、资产部门等单位负责人组成的科技成果转化领导小组，全面统筹高校科技成果转化工作。明确高校科技成果的范围、规章、制度，科技成果转化小组以及各部门所承担的责任，在实施科技成果转化过程中申报和审批程序、奖励政策、收益分配原则、承担的权利、义务以及相应的法律责任等。

八、完善科技成果转化的中介服务环节

中介服务环节是整个成果转化过程的核心环节，建议各级政府不断完善服务体系的建设，加快驻秦高校科技成果转化。市政府应进一步规范管理科技中介机构的服务，通过多种方式提高中介机构的专业化水平，瞄准市场需求，真正做到从市场出发开展科技中介服务，逐步建立健全科技中介机构的服务体系，为科技成果转化过程中的各方提供便利的环境，成为科技成果转化过程的助推器。

九、提升高校科研能力和水平

市政府支持驻秦高校，加大高校技术创新经费的投入，给高校教师提供稳定的科研经费开展原创性强的科学研究。

（1）强化科技成果的价值导向，提高高校管理层与科研人员对专利成果产业化的意识，鼓励科研人员立足市场需求，围绕战略性新兴产业重点领域，主动到地方企业挂职锻炼，与企业共同开展技术创新，并将研发技术联合申请为有效支撑产业发展的成果，这样不仅可以解决企业在技术研发与升级改造中的实际问题，而且可以直接提高成果的应用能力。

（2）重视专利申报审核，要提高专利质量，就得从源头抓起。科研人员在专利申请阶段，需要到学校科研管理部门报备专利申报材料，说明专利的研究领域、市场前景等基本情况,学校通过审核促进专利成果质量提升，保证后期成果转化的效果。

（3）高校拥有的专利成果只是停留在纸面上的一项技术成果，普遍缺乏实用性，限制了专利成果转化的成功率，为此，希望政府部门能够起到"桥梁"作用，组织相关推介、交流活动，促进学校和企业的相互沟通，营造良好的成果转化环境，有效促进专利转化，更好地服务企业的生产与发展。

十、完善科技成果转化的考核评价制度

（1）完善科技成果转化的科研评价制度。要扭转"重数量、轻质量""重立项、轻转化"的观念，建立以提高成果质量与促进成果转化为目标的科研评价制度，在绩效考核中增加科技成果转化的占比，更好地发挥驻秦高校科研成果服务经济社会的作用。

（2）完善成果转化的人事考评制度。在科研人员绩效考核中，不能只看论文的发表数量、刊物级别、课题级别、专利授权等指标，还应重视科研成果的产业化程度，对实现成果转化的专利，可等同于科研成果奖励，对科研成果转化产生的应用价值与社会效益实行量化考核，并纳入职称评选和岗位聘用指标要求中，从人事层面鼓励科研人员关注市场需求，关心企业的发展动态，为开展成果的转化应用提供制度保障。为此，希望政府部门能够选择成果转化工作突出的企业、院所定期开展成果转化培训，提升成果转化管理人员的业务素质。

十一、高校加大科技成果转化工作的支持力度

（1）思维观念的改变。高校应注重对科研人员正确看待科研成果思维观念的引导，当前高校大部分研究都是先申报项目，随之开展研究工作，在一定的研究成果基础上以发表论文、申报奖项、职称评聘等为目的。对所研究成果的社会价值和经济效益则考虑不多。基本忽视研究成果在实际应用中的可行性，在市场中能否推广则不关心也不了解。所以高校应加大对科技成果转化的科研人员奖励力度，特别要重奖在秦皇岛市转化的科技成果力度。

（2）对科研工作方面加大资金投入，逐步提高科研人员能力和水平，进一步使高校科技成果数量增多、质量更优，促进自身内涵建设，提升学校的社会影响力。

（3）与企业、科技部门建立信息沟通机制。高校科研部门或者负责科技成果转化部门主动与企业对接，了解企业技术需求，产业结构调整，有针对性地开展科研工作；高校定期组织科研人员参与科技工作部门组织各类会议和各项活动；科技部门征集科研课题项目，要积极认真组织高校人员参与、研究并提出研究方向；科技部门组织开展科技特派员工作，高校应高度重视，充分发挥高校科研人员发挥专业优势、人才优势、信息优势，组织一批专业性强、责任心强、科研能力强的队伍参与。高校树立协同创新发展的理念，加大对科技成果转化工作的鼓励、支持力度，不断增强创新能力，优化转化路径，才能提升高校自身科技研发和社会服务水平，更好地服务地方经济社会发展。

第五章　政府推动科技成果转化措施

近年来，秦皇岛市委市政府及相关部门出台了一系列推动科技创新工作的政策文件，驻秦高校科技成果在本市转化得越来越多，科研成果将又好又快地转化为促进地方经济社会发展的现实生产力，开创了政府、高校及产业共赢共生的好局面。本课题通过查阅大量文件、学术会议、研讨会、座谈会相关内容，对秦皇市委、市政府以及市科技局、市财政局、市人力资源社会保障局、市工业和信息化局、市政府政务服务中心、市质监局、市公安局、市发改委、市国家税务局、市教育局、市委组织部、市监察局、市编委办、市住房保障和房产管理局等部门5年来出台的有关推动秦皇岛市科技创新工作的 20 余份文件进行研究，梳理和总结出推动高校科技成果转化的具体措施上百条。研究这些政策措施，对于了解掌握过往政策情况、研究制定新的政策措施具有重要意义。

一、市财政局推动科技成果转化措施

市财政局助推科技创新投入。

（1）加大财政科技投入力度。从 2017 年起，市级财政每年统筹资金不少于1亿元，用于支持全市科技创新活动。"十三五"期间，持续加强财政科技投入力度，逐步提高财政科技支出占公共财政支出比重，到 2020 年，全市财政科技支出占公共财政支出比重进入全省前列。

（2）引导和激励县区增加财政科技投入。市级财政对县区科技转移支付资金原则上按"因素法"实行总额控制，其中：县区财力困难因素占30%；

县区财政科技投入增长率因素占30%；县区新增科技型中小企业数量及高新技术产业增加值增长率因素占40%。

（3）优化整合科技资金。推动建立公开统一的市级科技计划管理平台，财政资金根据管理平台决策的科技计划统筹配置。

（4）支持方向内容：一是支持企业事业单位技术研发活动；二是支持科技成果转移转化；三是鼓励高校和科研院所在我市实施科技成果转化；四是支持企业事业单位提升创新能力；五是支持创新创业；六是支持人才开发计划；七是支持投资基金发展；八是支持科技金融融合发展；九是营造鼓励和支持科技创新的财税环境。

二、市国家税务局推动科技成果转化措施

市国家税务局支持科研人员创新创业的税收优惠政策。

（1）支持企业外聘研发人员。企业从高校、科研院所外聘研发人员直接从事研究开发活动的，外聘研发人员实际发生的劳务费用可按人员人工费用计入企业研发费用。

（2）支持企业委托科研机构和人员开展研发活动。企业委托高校、科研院所或科研人员开展研发活动发生的费用，计算企业所得税时，可按规定在据实扣除的基础上加计扣除。

（3）积极促进技术转让、技术服务等业务活动。高校、科研院所取得的符合条件的技术转让所得，纳入享受企业所得税优惠的技术转让所得范围。

（4）支持企业对技术人才的培训。对集成电路设计企业和符合条件软件企业的职工培训费用，应单独进行核算并按实际发生额在计算应纳税所得额时扣除。

（5）支持企业创新发展。对所有行业企业2014年1月1日后新购进的专门用于研发的仪器、设备，单位价值不超过100万元的，允许一次性计入当期成本费用在计算应纳税所得额时扣除，不再分年度计算折旧。

（6）支持国家重点行业发展。重点支持生物药品制造业，专用设备制造业，铁路、船舶、航空航天和其他运输设备制造业，计算机、通信和其他电子设备制造业，仪器仪表制造业，信息传输、软件和信息技术服务业和轻工、纺织、机械、汽车等重点产业发展。

（7）提供一对一纳税辅导。科研人员到国税机关办税服务厅进行涉税咨询的，由"咨询辅导岗"安排专人提供"一对一"的咨询解答和政策辅导，并负责对科研人员携带的相关资料进行预审，辅助填写涉税表单。

（8）开通办税绿色通道。科研人员到国税机关办税服务厅办理税务登记、代开发票、缴纳车辆购置税等涉税事宜的，由导税员直接引导至对应的办税窗口，优先办理相关业务。

（9）简化优惠备案方式。企业可以到税务机关备案，也可以采取网络方式备案。

（10）建立"服务直通车"联络渠道。

三、市科技局联合市财政局、市人力资源社会保障局、市工业和信息化局推动科技成果转化措施

市科技局联合市财政局、市人力资源社会保障局、市工业和信息化局优化科技资源配置的政策措施。

（1）改进项目申报方式。简化项目申报流程，高校及科研院所直接申报市级科技计划项目。

（2）鼓励企业加大研发投入。

（3）建立企业成果转化激励机制。市政府设立科技成果转化引导资金，对与国内外高校、科研院所成功实现重大技术转移和重大成果转化的企业，经认定后，按技术合同实际发生额的 5% 给予资助，最高不超过 200 万元。

（4）建立企业研发费用优惠政策落实情况跟踪检查制度。

（5）支持高校和企业联合建立科研基金。鼓励企业在高校设立科研基

金，深化产学研合作，面向产业应用基础研究和产业共性关键技术研究联合攻关，市财政给予一定比例的资金支持。

（6）进一步加强创新平台建设。市财政给予新认定的国家工程技术研究中心、重点实验室一次性500万元补助；给予新认定的省级产业技术研究院、工程技术研究中心、重点实验室、院士工作站、博士后科研工作站、高层次人才创业园等一次性30万元补助；给予新认定的市级工程技术研究中心、重点实验室一次性10万元补助。

（7）强化科技资源共享平台建设。支持科技文献共享平台和大型科学仪器共享平台的建设，向社会开放成效显著的共享平台，市财政每年给予10万~30万元的运行补助。

（8）加快技术转移、交易机构建设。对新认定市级以上技术转移、技术交易机构，市财政给予10万元的一次性奖励。对其促成国内外高校和科研院所向我市企业转化的科技成果，市财政按技术合同中实际发生技术交易额的3‰给予技术转移机构年度最高30万元奖励性补助。

（9）建立"双创"投资引导机制。采取政府与社会资本合作的方式，引导社会资本联合组建天使投资基金。

（10）实施"科技创新卡"计划。

四、市委组织部联合市科技局、市发展改革委、市财政局、市人力资源和社会保障局、市工业和信息化局推动科技成果转化措施

市委组织部联合市科技局、市发展改革委、市财政局、市人力资源和社会保障局、市工业和信息化局扶持高层次创新团队的具体措施。

（1）建立市级高层次创新团队认定机制。

（2）基础创新团队，在基础研究领域有重大科学发现，并在国际权威刊物上发表高水平学术论文，得到同行专家公认；技术创新团队，在工程技术领域有重大技术发明，拥有核心自主知识产权，获得省级技术发明二

等奖以上奖励或省级科技进步二等奖以上奖励或多项国家、国外授权发明专利；产业创新团队，以高层次创新人才为核心，掌握产业创新的核心或关键技术，具有较强的自主研发能力和科技成果转移转化能力，对我市产业转型升级和经济发展作出重要贡献。

（3）对创新团队申报市级以上科技计划项目给予优先支持和推荐。

（4）对基础创新团队，给予每年10万～50万元、连续3年的稳定性支持。

（5）对技术创新团队，取得重大工程技术成果、具有广阔应用前景和推广价值的，采取奖励性后补助方式，给予50万～100万元的专项经费支持。

（6）对产业创新团队，优先纳入市级科技创新、战略性新兴产业专项资金支持项目，给予100万～500万元风险投资支持。

（7）对国家"两院"院士，国家"千人计划"专家，国家重点实验室、国家工程技术研究中心等主要负责人，京津高校院所、大型科技企业集团高端人才来我市创新创业的给予重点支持，一事一策。

（8）对创新创业团队在项目选址、基础设施配套、科研经费、前期工作场所和生活场所提供以及子女就学等方面给予优先支持。

五、市编委办推动科技成果转化措施

市编委办关于赋予高校和科研院所机构编制更大自主权。

（1）高校、科研院所在机构编制部门批准的机构限额内，可自主设置内设机构和所属教学、科研机构，确定职责任务，向机构编制部门备案。

（2）高校、科研院所在机构编制部门核定的本单位事业编制总量内，对所属教学、科研机构的编制在总量内统筹调剂使用、动态管理，优化编制结构，向机构编制部门备案。

（3）设立引进高层次人才周转编制制度。对于满编的高校、科研院所，引进高层次人才可使用周转事业编制，确保高精尖人才用编急需。

（4）对高校、科研院所成功引进"在原始创新上取得重大发现，技术创新上取得重大发明，产业创新上取得重大突破"的高层次创新团队，需设立机构、增加编制的，市机构编制部门按机构编制管理权限和程序积极予以支持。

六、市金融办推动科技成果转化措施

市金融办关于金融助力科研人员创新创业的具体措施。
（1）进一步完善我市中小微企业贷款风险补偿机制。
（2）鼓励和引导企业针对科研人员建立自主创新的中长期激励机制，支持上市挂牌企业开展股权、期权、分红等激励试点。
（3）促进科技金融公共服务平台发展。
（4）发展集评估、咨询、法律、财务、融资、培训等多种功能于一体的高端科技金融中介服务机构，加大对科技金融中介服务机构的金融支持力度。
（5）鼓励支持各金融机构建立科研人员信用体系。
（6）加强科技金融人才建设。依托京津冀高校教育资源优势，加大科技金融人才的培育和交流机制。

七、市食品和市场监督管理局推动科技成果转化措施

市食品和市场监督管理局关于鼓励科技人员创新创业的对策措施。
（1）推行市场主体准入"多证合一"。
（2）放宽住所（经营场所）登记条件。
（3）推进工商登记全程电子化。
（4）推进企业简易注销改革工作。
（5）优化审批流程。

（6）大力实施商标品牌战略。

八、市公安局推动科技成果转化措施

市公安局服务科研人员和科技创新的措施。

（1）对科研人员许可申请提供预约服务、加急办理服务。对科研人员急需办理的公安行政许可事项，特事特办、急事急办，实行预约办理、加急办理。

（2）设立公共户口方便科研人才落户。

（3）严厉打击侵犯知识产权违法犯罪。

九、市政府政务服务中心推动科技成果转化措施

市政府政务服务中心全面优化科技人员创新创业服务工作的措施。

（1）为科技人员创新创业涉及中心审批方面的业务采取全程代办的模式，提供涉及企业注册、变更等相关事项及建设项目审批的全程代办服务。

（2）除法律、法规明确规定必须交纳的费用外，中心代办工作人员无偿为科技人员创新创业提供厅内相关业务的全程代办服务。

（3）代办服务全程严格遵守法律、法规和相关政策规定，并按照承诺时限和法定程序办理。

（4）市政务服务中心各窗口充分发挥进驻部门集中办公的优势，通过增进部门间审批服务协作，共同为科技人员创新创业提供优质高效服务。

十、市质监局推动科技成果转化措施

市质监局鼓励科技型企业实施标准化战略对策。

（1）充分发挥市标准化委员会组织协调职能，依托相关部门、企事业

单位及学会、协会、商会、联合会等社会组织和产业技术联盟，在相关行业和重点企业探索建设市级专业标准化技术委员会或工作组，对口国家及省专业标准化技术委员会，开展标准制修订、标准化研究、标准实施推广服务等方面的技术工作。

（2）鼓励科技型企业自主制定、实施企业标准，进行标准自我声明公开。

（3）推动我市科技创新型开展团体标准试点，整合优质资源，建立科技型企业间的协同发展机制和自律机制，发挥科技型企业群体力量，形成以"技术、标准、品牌、质量、服务"为核心的对外竞争新优势。

（4）建立技术创新与标准化协调发展的促进机制，促进科技成果转化，鼓励企业将拥有自主知识产权的关键技术纳入标准，以科技创新提升技术标准水平，促进"产、学、研、用"一体化发展。

（5）积极推动我市科技型企业相关标准"走出去"和"引进来"。

十一、市住房保障和房产管理局推动科技成果转化措施

市住房保障和房产管理局支持创新创业的对策措施。

（1）房源筹备。将公共租赁住房的部分房源专门用于保障创新创业科研人员的实际居住需要。

（2）分配原则。按照"自愿申报、公平排序、自主选择"的原则，组织开展房屋的分配工作。

（3）费用优惠。科研人员承租公共租赁住房的，免收物业费、电梯费，租金标准在公共租赁住房租金标准的基础上予以一定比例优惠。

（4）后期保障。在公共租赁住房装修的基础上，提供家具、家电出租服务，科研人员可自愿选择租赁使用。

（5）科研人员承租公共租赁住房期间，应按期缴纳房屋租金。

（6）科研人员承租公共租赁住房期间，不得将房屋转租他人，更不得

在屋内从事违法活动。

十二、市农业局推动科技成果转化措施

市农业局鼓励农业科技创新创业的政策措施。

一是支持机关事业单位人才离岗创业。

（1）允许涉农高校、科研院所的科研人员和农业技术推广人员离岗在秦创办农业企业或到农业企业开展科技成果转化。

（2）涉农高校、科研院所的科研人员及农业技术推广人员到农业企业兼职，可按规定领取相应报酬或奖励。

（3）涉农高校、科研院所的科研人员及农业技术推广人员在离岗5年内自愿与原单位脱离人事关系的，原单位应予批准。

（4）鼓励党政机关优秀人才按照组织批准、个人自愿、双向选择原则，离岗到农业企业兼职，支持企业发展，不在兼职企业领取任何报酬和投资入股。

二是允许农业科技人员在岗创新创业。

（5）允许涉农高校、科研院所的科研人员以及农业科技人员在认真履行所聘任岗位职责的前提下，利用本人及所在研发团队的科技成果在岗创新创业。

（6）担任科级以上领导职务的科技人员辞去相应领导职务后创新创业，应办理备案手续。

（7）辞去科级以上领导职务的科技人员，5年内（从创办的企业注册登记起或者持有企业股权起计算）要求重新担任党政领导职务的，应当先行转让本人股权。

三是支持高端人才创新创业。

（8）鼓励和支持"两院"院士、"千人计划"、"外专百人计划"等高层次人才及其创新团队在秦转化农业科技成果或科技创业。

四是支持大学生创新创业。

（9）在秦涉农普通高校、研究生培养单位（以下简称学校）应支持在读大学生（含研究生）保留学籍，休学在秦从事有利于促进农业科技成果转化和技术转移的科技创业活动，创业后可重返原校完成学业。

（10）加强在校大学生创新创业教育，将创新创业教育融入专业教学和人才培养全过程。

（11）在校大学生创新创业，依法在秦办理工商税务登记，并吸纳3人及以上就业的，经评审可享受1万～20万元的无偿资金扶持。

（12）在校大学生在市级大学生创业孵化基地创办企业，依法办理工商税务登记，注册资本不超过50万元，成立时间在2年内，正常开展生产经营半年以上的，给予场租、水电费全额补贴，补贴期限不超过3年。

（13）实施"秦皇岛市农业科技促进大学生创业就业专项行动"。

五是支持农业新型经营主体创新创业。

（14）支持农业新型经营主体组建农业优势特色产业技术创新联盟，鼓励农业新型经营主体联合涉农高校、院所知名专家，本地农技推广专家，连接产业基地，组建优势特色产业技术创新联盟，支持联盟开展产业技术路线图研制。

（15）鼓励农业新型经营主体搭建各类农业科技创新载体。

（16）促进农业新型经营主体创造运用知识产权和创建技术标准。

六是创新科技成果转化评价机制。

（17）建立农业科技创新创业分类评价机制，制定相应的社会服务与推广型评价标准。

（18）农业科技人员所在单位应将参与技术转移、科技成果转化作为竞聘上岗的重要条件。

（19）对在技术转移、科技成果转化中贡献突出的农业科技人员，优先纳入各级专家等高层次人才选拔范围。

七是优化创新创业环境。

（20）农业科技人员创办农业科技型企业。对科技成果进行转化开发，申请科技计划项目，不受申报指标限制。

（21）引导优质科技企业孵化器向涉农高校、院所输出创业服务，发挥涉农高校、院所在技术、成果、人才等方面的创新资源优势，通过双方合作、共建等方式，在高校、院所设立科技企业孵化器分支机构，为高校、院所科技人员创新创业提供物理空间和服务平台。

（22）实施"秦皇岛市农业科技企业创业与培育工程"。

十三、市地税局推动科技成果转化措施

市地税局关于科研人员创新创业的税收优惠政策。

（1）科研机构、高等学校转化职务科技成果以股份或出资比例等股权形式给予个人奖励，获奖人在取得股份、出资比例时，暂不缴纳个人所得税；取得按股份、出资比例分红或转让股权、出资比例所得时，应依法缴纳个人所得税。

（2）国家需要重点扶持的高新技术企业，减按15%的税率征收企业所得税。

（3）以与境内、境外全部生产经营活动有关的研究开发费用总额、总收入、销售收入总额、高新技术产品（服务）收入等指标申请并经认定的高新技术企业，其来源于境外的所得可以享受高新技术企业所得税优惠政策。

（4）企业为开发新技术、新产品、新工艺发生的研究开发费用，未形成无形资产计入当期损益的，在按照规定据实扣除的基础上，按照研究开发费用的50%加计扣除；形成无形资产的，按照无形资产成本的150%摊销。

（5）企业委托外部机构或个人开展研发活动发生的费用，可按规定税前扣除。

（6）一个纳税年度内，符合条件的技术转让所得不超过500万元的部分，免征企业所得税；超过500万元的部分，减半征收企业所得税。

（7）创业投资企业采取股权投资方式投资于未上市的中小高新技术企业 2 年以上的，可以按照其投资额的 70%在股权持有满 2 年的当年按规定抵扣该创业投资企业的应纳税所得额。

（8）非营利性科研机构自用的房产、土地，免征房产税、城镇土地使用税。

十四、市工业和信息化局推动科技成果转化措施

市工业和信息化局支持企业研发人员创新的具体措施。

（1）引导企业按照"有人员、有场所、有设备、有经费、有项目"的要求，建立多种形式的研发机构，组织研发人员开展产品、技术和工艺创新活动。

（2）鼓励企业健全研发机构会计核算制度，对直接从事研发活动人员的工资薪金、直接投入费用、折旧费用等进行合理、准确的归集。

（3）鼓励有条件的企业按不低于销售收入的 0.6%设立人才发展专项资金，进一步激发科研人员技术创新积极性。

（4）支持企业积极开展产学研用协同创新，引进高层次创新团队，对创新团队带来的技术、成果的转化和产业化项目，积极争取省级工业转型升级专项资金支持，市级企业发展专项资金给予优先支持。

（5）鼓励企业建立健全职务发明知识产权成果权益归属、奖励报酬机制和知识产权转化服务机制，根据发明人（团队）贡献程度及发明所获经济效益以约定方式给予合理报酬。

（6）组织企业参加河北省优秀工业新产品、新技术的申报，对获得省优秀工业新产品、新技术的，鼓励企业从优秀新产品投产后前两年实现的净利润中提取5%～10%，用于奖励在新产品开发和推广中作出突出贡献的研发和营销人员，将获奖情况作为主要研发人员考核、晋级、评定职称、评优等依据。

（7）鼓励企业争创技术创新示范企业、工业设计中心，对获得国家级、省级的企业除享受省工业转型升级专项资金给予的奖励外，市级企业发展专项资金给予奖励，用于企业技术创新能力提升建设。

（8）支持制造企业联合科研院所、高等院校以及各类创新平台，加快构建支持协同研发和技术扩散的"双创"体系。

（9）鼓励企业牵头创建省级制造业创新中心，积极争创或联合创建国家级制造业创新中心。

（10）赋予省级以上制造业创新中心领衔科技专家、科研带头人科研经费支配权、研究人员聘用权、技术路线决定权、科研设备购买决定权。

（11）对企业牵头承担的国家科技支撑计划、科技重大专项等重大项目，市（县、区、新区）财政安排专项资金按国家下拨经费的1%～2%比例分别予以补助。

（12）鼓励企业争创省中小企业名牌产品。

（13）鼓励企业开展产品质量提升行动。

十五、市审计局推动科技成果转化措施

市审计局助力创新型城市建设的具体措施。

（1）审计处理要严格把握尺度，做好甄别。

（2）审计重点要推动科技创新相关政策落地和体制制度的完善。

（3）审计机关要鼓励创新、宽容失败。

（4）审计机关要解放思想、锐意创新。

十六、市教育局联合市科技局、市人力资源社会保障局、市财政局推动科技成果转化措施

市教育局联合市科技局、市人力资源社会保障局、市财政局扩大高校

和科研院所科研自主权的支持措施。

（1）主要目的为进一步激发我市高校和科研院所的发展活力和科研人员的创新活力。

（2）简化财政科研项目预算编制和调整程序。

（3）劳务费不设比例限制，开展市级财政科研经费列支课题组成员劳务费改革试点。

（4）增加科研项目经费中间接费用比重，绩效支出最高可占项目经费中直接费用扣除设备购置费后的20%。

（5）科研项目经费根据项目进度支出，年度剩余资金可结转下年使用，最终结余资金符合相关政策规定的留归项目承担单位，在一定期限内统筹使用。

（6）项目承担单位以市场委托方式取得的横向经费，纳入单位财务统一管理，由单位按照委托方要求或合同约定管理使用。

（7）高校和科研院所对所持有的科技成果自主决定转让、许可或作价投资，除涉及国防、国家安全、国家利益、重大社会公共利益的外，无须按照国有资产管理办法报主管部门、财政部门审批或备案。高校和科研院所科技成果转移转化所得收入全部留归本单位，纳入预算，不上缴国库。

（8）高校和科研院所自主制定转化科技成果收益分配制度。高校、科研院所正职和所属单位中担任法人代表的正职领导可以按规定获得现金奖励。

（9）高校和科研院所以技术转让或者许可方式转移转化职务发明和科技成果的，转移转化所得收入全部留归本单位分配。

（10）高校和科研院所科技人员的劳务费和成果转化所获收益用于人员激励支出的部分，计入单位工资总额不纳入绩效工资总量管理。

（11）高校和科研院所可根据事业发展、学科建设和队伍建设需要，依照事业单位招聘规定，自主公开招聘人才。

（12）高校和科研院所可建立与岗位相结合的考核机制，考核与薪酬分配、奖励晋升、岗位调整和续聘挂钩。

（13）市教育局所属高等学校可自主开展主系列中级及以下专业技术职务任职资格的评审。

（14）高校和科研院所自主确定本单位绩效考核分配办法。

（15）高校和科研院所对紧缺急需的高层次人才和业绩贡献特别突出的优秀人才，可实行协议工资、项目工资或年薪制等分配形式，不纳入单位绩效工资总量管理。

（16）对担任学术职务的高校院系负责人在学术机构兼职及取酬问题，不套用对党政领导干部的规定。

（17）高校和科研院所预算支出全部实行授权支付，同一项目资金的支出经济分类可统筹使用。

（18）高校和科研院所采购科研仪器设备，由采购人自行采购和选择评审专家。

（19）高校和科研院所因公临时出国经费全部纳入预算管理。

（20）对出席重要国际学术交流活动的教学科研人员，出国批次数、团组人数、在外停留天数根据实际需要安排，不列入国家工作人员因公临时出国批次限量管理范围。

（21）简化高校、科研院所及其新型研发机构科研基础设施建设项目的审批、环评等手续。

（22）高校和科研院所可以根据需求自主开展科研活动。

第六章　科技成果转化典型案例研究

推动科技成果转化是各级政府十分关注的课题，是各高等院校不断探索的难题，也是企事业单位期盼解决的问题。对科技成果转化问题都有许多有效创新和成功实践。现对各地近几年来科技成果转化成功案例进行综合分析，选择以下典型案例供大家参考借鉴。

一、成果所有权创新——职务科技成果所有权混合所有制改革

科技成果的所有权是科技成果最核心的权利，是其他权利（收益权、使用权等）的基础，所有权的混合所有制改革是目前最难实施，也是最为慎重的，涉及方方面面的风险和利益，这点如果在全国范围有重大突破，将会把成果转化模式推上一个新的台阶。西南交通大学从2010年开始就在自身的国家大学科技园进行了5年的"职务科技成果混合所有制"试验，取得了很好的科技成果转化效果。2016年，《西南交通大学专利管理规定》正式出台，规定明确提出"学校与职务发明人就专利权的归属和申请专利的权利签订奖励协议，规定或约定按30%：70%的比例共享专利权。职务发明人以团队为单位的，其内部分配比例由团队内部协商确定"。西南交通大学的土木学院杨其新教授团队"隧道及地下工程喷膜防水材料"项目，从2004年起申请了6项发明专利，到2010年还未实现转化。到2010年，西南交通大学国家大学科技园将该项目作为职务科技成果混合所有制试验的第一个案例，成功地将由西南交通大学所有的专利变更为该教授团队与国家大学科技园共同所有，然后经第三方评估作价500万元入股成都嘉州

新型防水材料公司，杨其新教授团队持有其中的 300 万元股份。该成果在成都嘉州新型防水有限材料公司内又经过 3 年多的产品化研发，并在 2014 年完成了产品化。

二、转化模式的创新——"企业长期投资基础研究+专利转让"校企协同创新模式

国家近些年一直在强调的"供给侧结构性改革"及"企业是科技成果转化的主体"，企业尤其是大中型龙头企业如何更多地参与到前端的原创技术研究开发、技术创新活动中，带来市场化的经验和更多的资源，发挥主体作用，提高科技成果转化效率，是未来科技成果转化模式创新的一个主要方向，要走出一条"被动—主动—引领"模式。北京大学"燕云"融合资源管理系统成果的转化，开创了企业参与基础研究及专利转让的新模式。"燕云"的研究起源于国家的 973 计划，梅宏院士团队提出的面向互联网计算环境的网购软件。该项目具体产业化分以下几部分：

成立公司：在 2013 年，北大软件所大力支持博士硕士带着"软件定义的云-端融合资源管理技术"创立北京因特睿软件有限公司，先后推出"燕云 IaaS 混合云管理系统和燕云 DaaS 大数据服务平台"。

购买专利：神州数码累计出资 2.4 亿元，支付北京大学在网购软件和云计算方面的核心专利普通许可权 8000 万元。

控股公司：神州数码出资 1.1 亿元控股北京因特睿软件有限公司。

支持基础科研：神州数码出资 5000 万元支持北京大学-神州控股协同创新中心的建设和运营（该中心旨在深入开展网购软件与智慧城市的应用研究和关键技术的开发），支持北大新型软件技术的基础前沿研究、核心技术攻关与系统原型研制。

三、转化模式的创新——"平台模式——构建硬科技转化平台，打造硬科技生态系统"

"平台模式"一直是近些年来成熟商业领域做大做强的主流做法，科技成果转化脱离以往传统的"技术交易平台""技术交流中心""科技大市场"，而把资源完全打通（技术源、资金、人才、各类科技服务），形成一个完整的闭环，是一种新的做法，这里既要求有足够多懂科技成果转化、懂行业技术、懂企业管理、懂创业服务的人才，还要有足量的资金可以完成对科技项目的投入，更要以市场需求为导向。中国科学院西安光学精密机械研究所在科技成果转化中走出一条"拆除围墙、开放办所""研究机构+天使基金+孵化器+创业服务"的特色创新之路。其发起成立的西安中科创星科技孵化器有限公司（简称：中科创星）作为其推进产业化工作的重要环节，近年来在"硬科技"领域持续深耕细作，构建了以硬科技项目科技投资及科技服务为核心的"硬科技转化平台=硬科技产业集群+完整的创业服务链条"，并进一步构建硬科技生态系统。硬科技产业集群：中科创星通过持续的对硬科技项目的投资及投入，已经形成多个细分产业（光电芯片、人工智能、大数据、军民融合、商业航天、生物医药）的产业集群。完成的创业服务链条：由于硬科技初创企业具有规模小、起步低、风险大、创业人员管理经验缺失、资源不足、市场议价能力低等特点，中科创星具体结合地域产业特点"自我培养、自力更生"，目前已经形成创业培训、管理咨询、政策咨询、财税服务、人力资源、品牌宣传六大服务板块，近60人的专职服务团队为硬科技创业者服务。

四、转化模式的创新——一所两制+合同科研+项目经理+股权激励

新型科研院所的"新"往往体现在"体制机制新——有体制身份又不受

体制限制""用人机制新——市场化招聘灵活激励""转化模式新——各类模式兼收并蓄",江苏省产业技术研究院就很好地尝试了各类的创新,走出一套新型科研院所的创新模式。成立于2013年的江苏省产业技术研究院(简称:省产研院),是经江苏省人民政府批准成立的新型科研机构,是江苏省科技体制改革的"试验田",其探索了一条"一所两制+合同科研+项目经理+股权激励"的模式。一所两制:专业研究所实行"一所两制",同时拥有在高校院所运行机制下开展高水平创新研究的研究人员和独立法人实体聘用的专职从事二次开发的研究人员,两类人员实行两种管理体制。合同科研:省产研院通过实行合同科研管理机制,引导研究所加快技术与市场对接的步伐,突破以往财政对研究所的支持方式,不再按项目分配固定的科研经费,根据研究所服务企业的科研绩效决定支持经费,从而发挥市场在创新资源配置中的决定性作用。科研绩效由合同科研绩效、纵向科研绩效、衍生孵化企业绩效等方面进行综合计算。项目经理:省产研院围绕产业需求,以市场化方式和国际化视野,全球招聘专业化领军人才,组织实施集成创新项目。赋予项目经理组织研发团队、提出研发课题、决定经费分配的权利,集中资源,着力攻克重大关键技术,形成先发优势。股权激励:专业研究所拥有科技成果的所有权和处置权,并且鼓励研究所让科技人员更多地享有技术升值的收益,通过股权收益、期权确定等方式,充分调动科技人员创新创业的积极性,让科技人员"名利双收"。

五、转化模式的创新——先投后奖+政策会诊

改革的号角已经吹响,虽然促进科技成果转化法在落地的过程中,和各地以往的相关规定会存在一定的灰色地带,但在操作过程中,需要主体高校、地方政府能主动担当,敢作为,协助科技成果转化法的落地工作。上海理工太赫兹团队的探索说明,在法律"成规"和地方"新规"之间并没有绝对不可调和之处。遇到"政策打架",与其退却,不如迎难而上。转化科

技成果有两种方式"先投后奖"或"先奖后投",其中"先投后奖"指先投资成立公司,再实行对科研团队进行股权激励。上海理工大学的太赫兹项目就走了"先投后奖"之路,具体步骤:对太赫兹技术进行第三方评估,学校注册成立上海上理太赫兹科技有限公司,由新公司完成从实验室到产品的小试、中试开发的工程化过程,并把相关产品推向市场。公司的股东为上海理工大学和上海理工资产经营有限公司两个独立法人机构,各占90%与10%。上海理工大学将占股中的80%股权(约占公司股份的72%)奖励给科技成果完成团队,将其余20%股份划转给资产经营公司。此时,股权转移有关问题出现,工商部门认为,根据有关规定,高校、科研院所拟将科技成果作价投资形成的股份奖励给激励对象,需要向主管部门提出试点备案申请;但市教委相关负责人认为,根据最新的成果转化法,处置权已经下放高校,教委无须备案。随后,上海市召开"政策会诊"协调会解决国有产权处置瓶颈问题,最终达成共识:上海理工大学有权自主决定对科技成果完成团队的奖酬方式和数额,无须市教委审批或备案。上海理工大学将其持有的上海上理太赫兹科技有限公司72%的股份奖励给科技成果完成团队,符合法律和政策规定。

六、转化模式的创新——"基金-协同创新中心-研究所"三元耦合模式

北京协同创新研究院的三元耦合模式的应用在业内还是比较创新的,虽然知识产权基金在别的城市也有过应用,但是规模都不大,通过基金把钱给到课题给到专利,再通过基金进一步促成初创公司成立,并进行技术的熟化和开发,整体设计比较巧妙,当然,目前还需进一步进行成果验证。成立于2014年的北京协同创新研究院是北大、清华、中科大、北航、中科院等14家学术单位和100多家高新技术企业创建的民办非企业组织,实行管理委员会领导、理事会管理下的院长负责制,其独创的"基金-协同创新

中心-研究所三元耦合模式"机制，即按照行业组建若干协同创新中心，中心成员共建中心专属的子基金，中心与子基金评估课题，子基金领投、知识产权基金跟投、政府配套资助。组建若干专业研究所，根据课题需要组建跨专业攻关团队执行科研任务。基金-协同创新中心-研究所三元耦合，实现产学研用紧密结合和市场配置资源。亮点：三元耦合模式，将协同创新中心"找项目"，通过基金"投项目"，通过研究所"开发项目"串联起来，完成了项目从观点、资料、论文到专利、项目、公司、研发落地的全过程。

七、以成果为导向的考核机制——构建以代表作制为核心的科研评价体系

高校及科研院所科技成果转化率低的一个很主要的原因，是考核机制的问题，考核指标过多关注论文或专利，而对科技成果的实际转化并不是很重视。中国科学院自动化研究所将转化类指标直接加入长期的考核制度中，有利于科技成果转化效率的大幅提高。中国科学院自动化研究所建立长期考核制度，每三年开展一次涉及定性及定量的科研团队绩效考核。定性：重点对团队定位、核心竞争力、优势特点、重要产出、发展情况、国内外地位等进行评价。定量：主要关注团队状态、产出和效益情况，重点反映团队特色和投入产出效率。建立代表作制的科研评价体系，关注科技创新的科学价值、经济社会硬性，突出科技创新的原创性、突破性等。

八、成果收益分配机制创新

成果收益权的创新是科技成果权属创新中极具实操的一环，可以预期未来各地高校院所可能会呈现的实践形态和方式，进一步激发创业者的热情和活力。西安交通大学就"超临界水蒸煤"转化所得 1.5 亿元收益，其中所得收益的 70%（10500 万元）用于对该技术研发的郭烈锦科研团队的股

权奖励,技术作价入股到该技术产业化项目公司;其余的30%(4500万元)作为学校公共收入将由甲方以现金转账形式分期支付。

九、项目来源政策激励模式创新

山东理工大学：瞄准科技前沿，创造单项转化金额最高纪录。学校积极落实促进科技成果转化系列政策法规，坚持以市场需求为导向，引导科研团队完善高价值成果知识产权，创造了目前我国科技成果转化单项合同金额的最高纪录。面向需求研发收获成果发泡剂是生产聚氨酯泡沫材料的重要原料，欧美等发达国家虽然已经先后研发出第四代聚氨酯发泡剂，但都含有会破坏臭氧层的氟、氯两种元素。为了研制替代含氟氯元素的发泡剂新技术，毕玉遂团队发明了无氯氟聚氨酯化学发泡剂。试验检测及企业使用报告显示，用该发泡剂生产的聚氨酯泡沫材料性能在许多领域的应用中达到相关标准要求，且成本更低。

十、实施专利许可提高科技成果转化率

通过实施专利许可，深化校企合作，共推知识产权产业化，提高科技成果转化效率。燕山大学与内蒙古包钢稀土集团基于稀土镁镍基储氢合金电极材料制备技术研究，建立了合作关系，并签订技术开发合同10项，累计合作经费到款800余万元。通过专利许可，双方合作开发，该项技术成熟度和市场化前景得到进一步提高，燕山大学和内蒙古包钢稀土集团联合中科院包头稀土研发中心利用该技术孵化了一家新能源科技型企业。这是我国具有自主知识产权的第一条新型稀土储氢合金生产线。据2020年4月10日《科技日报》对该项技术报道："该企业新型稀土镁镍基储氢合金电极生产线已经开始正常运转，生产线产能为200吨，目前生产的280千克电极成品已经进入市场。"产品做电极的电池容量较传统镍氢电池和储氢合金

提高 30%以上，是生产高容量、宽温区、高工艺、低耗电镍氢动力电池的关键材料。

十一、促进专利转让，推动产业升级

推动专利转让，推动协同创新，实现知识产权转化。针对宝钢成品带钢极限宽厚比一直难以突破 5500 且达不到高品质要求，无法实现批量稳定工业化生产，长期依靠进口的问题，燕山大学组织白振华教授团队在该领域进行了大量创新性工作。经过多年全方位的技术攻关，最终突破了超薄高宽厚比板带工业化生产的关键技术瓶颈，实现了利用现有设备对超薄高宽厚比高品质板带的高效稳定工业化生产，有力地推动了行业进步。白振华教授主持该领域的企业科技攻关项目 50 余项，合同额超 1700 万元，取得了多项主要创新性成果：一是提出了虚拟板形控制理论，开发出了虚拟板形仪及其闭环控制系统，在国内外首次实现了冷轧板带在冷连轧、连续退火、二次冷轧及平整等工艺段全流程板形预报、在线动态显示与多层闭环协调精确控制。二是首次提出了高速稳定轧制与表面质量综合控制指标、辊端压靠软测量方法以及卷取过程螺旋形开口弹性组合筒各向异性分析理论，开发了气雾混合与油水管道混合的轧制润滑技术，形成了一整套高品质带钢轧制技术。三是首次提出了跑偏因子、瓢曲指数新概念，开发了连退机组炉内板带跑偏与瓢曲综合控制技术。

上述研究成果形成了多项自主知识产权，其中授权发明专利共计 72 项，软件著作权 100 余项，燕山大学知识产权运营部门对上述专利进行筛选，找出潜在的可转化专利，形成专利族与专利群，向相关企业介绍该项技术的核心技术和知识产权布局情况。邀请企业管理人员和技术人员进行洽谈，安排课题组研发人员和企业人员就相关技术问题进行重点洽谈，最大程度上促成专利转化。通过大力推动专利转让，成功地实现了其中 54 项专利的落地转化，专利转化交易额近 300 万元，并将此项关键技术成功推广应用到梅山钢铁股份有限公司、山东冠洲股份有限公司、唐山市德龙钢铁有限公司、唐山格诺金属科技有限公司等企业的 15 条冷连轧生产线、20 条平整生产线、10 条卷取机组、12 条退火生产线、2 条二次冷轧生产线，提高了产品质量与生产效率，所开发的超薄宽幅高品质冷轧板带产品最薄可轧到 0.1mm、最大宽厚比达 7500、板形质量控制在 2~4I，替代了竞争对手国外先进钢厂同类产品，并出口到美国、欧洲以及东南亚等国家和地区，近三年共生产超薄宽幅高品质板带 1311.3 万吨、实现出口 767.8 万吨，创直接经济效益 143.06 亿元。

十二、鼓励创造发明专利，助力创新发展

通过了解产业技术需求为专利布局、专利转化运用提供切实有效的信息。将专利等知识产权成果作为重要的孵化对象，积极挖掘高价值的专利成果助力转化。燕山大学机械学院王洪波教授团队长期致力于医疗康复机器人的研发，在该领域拥有 30 多项发明专利。其中，多自由度下肢康复机器人能够完成对下肢运动功能障碍患者进行矢状面内髋关节、膝关节和踝关节的康复训练。目前已经制作出第四代多自由度下肢康复机器人实验样机，具有国内领先和国际先进水平，该方面研究成果共授权发明专利 13 项。鉴于其良好的转化前景，学校将该成果作为重点转化培育对象。首先由学校知识产权信息服务中心对该成果相关领域的专利申请趋势、技术构成、专利强度、技术研究热点以及主要申请人等方面进行多维度分析，并对医疗康复机器人研究领域关键技术进行相关专利检索与分析，在创新技术检索、专利布局等方面给予支持和帮助。同时，依托学校人工智能与机器人特色产业研究院，为该项成果转化提供技术发展趋势、政策支持信息等方面的咨询服务。另外，积极组织团队参加具有创新创业类比赛和行业影响力的成果展会，团队作品"智能下肢康复训练机器人"多次荣获机器人领域创新创业大赛奖项，组织该项目组携带产品样机多次参加"中国国际工

业博览会""高校科技成果交易会"等科技成果展会，对产品起到了很好的宣传推介作用。2019 年，康复机器人项目被学校设立为科技成果产业化重点项目，在创业空间和补助资金方面给予一定的支持，学校还积极联系相关投资机构，为项目融资提供相关服务，目前该项目产品已经达到小规模量产水平。为不断加快该项成果的产业化进程，学校的知识产权运营部门协助团队进行了深入的市场调研和专业的市场分析，将康复机器人定位于全国的三甲医院康复科与康复社区医院，以北京地区的三甲医院康复科为主，逐步扩大市场范围。初期的主要目标市场是北京医院的康复科和康复社区医院，主要的客户群体为脑卒中、脑损伤、脊髓损伤和骨折损伤的运动功能障碍患者。学校知识产权运营部门和团队成员一起多次赴北京多所医院对接交流，进行产品推介，目前已经与北京某医院达成合作意向，初期的产品推广主要是扩大产品的市场影响力，推销的重点放在产品的功能和该产品能满足的需要等方面。鉴于该项目拥有技术水平领先的自主知识产权，该产品将具备较强的核心竞争力和很好的盈利能力，项目整体投资小收益大。

第七章　提高科技成果转化成功经验

驻秦高校在推动科技成果转化方面有许多可借鉴的经验举措，为方便各高校结合各自实际进一步推动科技成果转化工作，对秦皇岛市和驻秦高校近年来的推动科技成果转化工作实践进行了梳理总结，为促进科技成果转化工作提供参考借鉴。

一、燕山大学推动科技成果转化思路举措

燕山大学积极落实《中华人民共和国促进科技成果转化法》、教育部和科技部《关于加强高等学校科技成果转移转化工作的若干意见》（教技〔2016〕13号）、河北省《促进高等学校和科研院所科技成果转化暂行办法》等国家、省市有关文件精神，不断优化管理流程，制定激励举措，激发学校科技人员科技成果转化热情，深入推进学校成果转化工作。先后出台了《燕山大学科技成果转化管理办法（试行）》（燕大校字〔2017〕22号）、《燕山大学促进科技成果转移转化行动方案》（燕大校字〔2017〕21号）、《秦皇岛燕山大学科技开发总公司项目管理办法》（秦燕科公司〔2017〕1号）等一系列管理文件，具备了较为完善的促进科技成果转移转化的制度体系和支撑服务体系。结合学校优势学科方向和行业产业发展需要，编制《燕山大学科技成果汇编》，针对钢铁、机械、冶金、新材料等行业领域需求，分类汇编了《燕山大学科技成果选编》，做到精准对接。燕山大学高度重视科技成果转移转化工作，将促进科技成果转移转化工作与学校改革发展同部署、同落实，并作为学校"双一流"建设重点任务之一。学校成立了由校长任组长、相关部门负责人为成

员的"燕山大学科技成果转移转化领导小组",全面统筹成果转化与人才培养、科学研究、学科建设。组织科研、人事、财务、审计、资产等部门及各学院召开专题会议,研究制定科技成果转化激励措施,协调推进促进科技成果转移转化平台和人才队伍建设。同时设立了"燕山大学技术转移中心",专门组织、协调和管理学校科技成果转移转化工作。

学校依托在重型机械成套设备并联机器人理论与技术、流体传动与电液伺服控制技术、工业自动化控制理论与技术、精密塑性成型技术、大型锻件锻造工艺与热处理技术、极端条件下机械结构与材料科学等研究领域的科技和人才优势,产出了一批应用价值较高的科技成果,其中发明专利1500余项。学校在加强科技创新的同时,积极推动科技成果转移转化。近五年,为中国第一重型机械股份公司、中国重型机械研究院、中国宝武钢铁集团有限公司、华为技术有限公司、河北钢铁股份有限公司等1000余家企事业单位提供各类技术服务1400余项,技术合同额4.6亿元。在近日发布的"中国高校专利转让排行榜"中,燕山大学以164项转让数位列全国高校第83位,其中2015—2019年,转化总数为155,合同额790万元。

学校十分重视知识产权管理、转化与应用工作。围绕产业发展现状,助力成果转化,加快知识产权应用。2017年开始,即着手开展以产业需求为导向的专利分析工作,在技术链、企业、竞争环境、专利影响力等方面,对专利技术发展趋势、专利区域分布、专利主要申请人和技术主题等进行调研分析,并对专利的产业关联度转让情况等进行深入研究,筛选出高质量、高价值专利,发现潜在的合作对象和可应用的技术领域。通过了解产业技术需求为专利布局、专利转化运用提供切实有效的信息。将专利等知识产权成果作为重要的孵化对象,积极挖掘高价值的专利成果助力转化。

二、东北大学秦皇岛分校推动科技成果转化思路举措

为贯彻落实《中华人民共和国促进科技成果转化法》,中共中央《关于

深化人才发展体制机制改革的意见》，教育部、科技部《关于加强高等学校科技成果转化工作的若干意见》，教育部办公厅《关于进一步落实优化科研管理提升科研绩效若干措施的通知》《中共教育部党组关于抓好赋予科研管理更大自主权有关文件贯彻落实工作的通知》等相关法律法规和精神，学校按照"能放尽放、可简尽简"的原则，出台了《东北大学秦皇岛分校科技成果转化管理办法》《东北大学秦皇岛分校科技成果转化管理办法实施细则》，修订了《科研经费差旅费管理办法》《横向科研业务接待管理办法》《纵向科研经费预算编制与预算调整办法（试行）》《关于完善科研仪器设备采购管理的若干规定（修订）》《关于完善科研物资和服务采购管理的若干规定》《关于家具（用具、装具）验收管理的通知》《科研材料、低值品、易耗品验收管理办法（试行）》等一系列文件，进一步优化科研管理，促进科研经费管理改革创新，激发科研人员创新活力，为科技创新创造良好环境。成立了科技成果转化工作领导小组，设立科技成果转化管理办公室，为科技成果转化工作的开展提供了制度保障。文件规定，学校对成果完成人给予奖励，不低于70%的科技成果转化收益归主要贡献人员，最高可达90%。该项政策激发了科研人员进行科技创新和科技成果转化的动力。为全面提高学校知识产权创造、运用、保护和管理能力，促进学校科技成果有效转化，2019年出台了《专利管理办法》补充规定：学校委托有资质的专利代理机构统一负责学校职务发明专利的撰写、申请等代理业务，并对学校为唯一专利权人的国内发明专利全额资助代理费、管理费和前六年的年费，同时提高了国际发明专利的资助额度。2020年2月，国家知识产权局下发了《关于提升高等学校专利质量促进转化运用的若干意见》，为进一步提高学校专利质量，强化高价值专利的创造、运用、管理、转化，目前学校正在拟定新的知识产权管理办法。学校不断优化科研环境，提升科研实力。现有国家重点实验室秦皇岛分中心1个（智能感知与光电检测技术研究中心）、"985工程"实验室2个（测向定位实验室、下一代网络技术实验室）、省级工程技术研究中心1个（河北省科普信息化工程技术研究中心）、省级重点实验室1个（河北省电介质与电解质功能材料实验室）、中国北方地区第一家及唯一一家罗克韦尔自动化实训实验室等校企合作实验室11个、市级重点实验室10个。近年来先后承担国家社会科学基金重大项目、国家自然科学基金项目、国家社会科学基金项目等国家级项目百余项。自2014年来，各类科研立项1061项；发表科研论文2734篇，其中，三大检索850篇，SCI论文324篇；授权专利343项，出版著作及各类教材113部。学校始终将服务国家战略需求和区域经济社会发展作为办学使命，抓住京津冀协同发展的国家战略机遇，充分利用办学资源和办学优势为地方经济社会发展和繁荣提供服务。先后成立了中国满学研究院、区域经济研究所等39个研究院所，积极对接地方经济社会发展需求，充分发挥政府决策智库作用。目前，已与北京、天津、江苏、广东、河北等省市100余个地、市、县和一批龙头企业建立战略合作关系，为相关政府部门、事业单位、街道社区提供技术服务，取得了显著的社会效益和经济效益。

三、河北环境工程学院推动科技成果转化思路举措

为了调动学校教师积极开展科研工作的积极性，加速推动科技成果转化，基于国家、河北省出台的相关科研"放管服"的政策文件，学院在科研管理工作中全面贯彻落实科技成果转化的文件4个，《河北环境工程学院科研经费管理办法》（河环院字〔2019〕36号）、《河北环境工程学院学术带头人和学术团队建设与管理办法》（河环院字〔2020〕61号）等。学院以环保行业和地方需求为出发点，以校地合作、校企合作、校校合作的方式推动科技成果转化。2015年以来学院建成秦皇岛市重点实验室3个：秦皇岛环境功能材料重点实验室、秦皇岛市污水资源化重点实验室、秦皇岛农村生态环境重点实验室；与河北、新疆、沈阳等50多个生态环境厅局建立了战略合作关系，完成41项横向课题研究，为企业、事业单位提供技术咨询与技术服务；与秦皇岛市人大常委会、秦皇岛市人民检察院、衡水市人大常

委会、山海关区人民政府共建校地合作基地 4 个；学院先后与阿里巴巴菜鸟网络、中持（北京）环保发展有限公司、河北先河环保有限公司等共建校企合作实验室 18 个；与清华大学、哈尔滨工业大学、燕山大学等共建校校合作实验室 3 个；与北控水务集团联合成立全国首家北控水务学院，与河北企美公司联合成立全国首个有机产业学院。2019 年由省科技厅、省科协授牌首个"河北省生活垃圾分类处理与资源化利用科普教育基地"，并在全国高校中率先开设"垃圾分类与资源化利用课程"作为全校学生的必选课程。学校和市内有关单位成功转化科技成果的案例：学校教师开展应用型科学研究，为 41 家企业、事业单位提供技术咨询与技术服务，其中与市内的 20 家单位签订协议，基于环境专业知识完成技术服务类研究工作。

四、河北建材职业技术学院推动科技成果转化思路举措

学院以服务地方经济发展为目标于 2016 年出台了《服务秦皇岛五年行动计划》。近 5 年来，在《服务秦皇岛五年行动计划》的指导下，学院组织 31 个团队、182 名专家深入行业企业，开展企业管理诊断、咨询服务工程，提出合理化建议 329 条、解决 172 个问题、解决技术难题 32 个、科技成果转化 27 个、校地校企人员双向挂职培养 116 人，为秦皇岛市地方经济发展贡献一份力量。

以攻克关键共性技术为重点，助力产业升级，开展技术创新，提升企业核心竞争力和创新能力。针对玻璃传统手工喷雕生产效率低、质量稳定性差的技术难题，依托省级科技项目"玻璃智能数控喷雕技术研发与应用"，研制了新型环保玻璃智能数控喷雕装备，开发了智能数控喷雕系统 v2.0，形成了《环保智能数控喷雕装备技术规范》，为企业编制了设备培训教材和设备售后服务手册。该技术实现了玻璃环保智能数控喷雕产品的批量生产，每平方米玻璃喷雕的人工成本比传统喷雕降低 60% 以上，生产效率比传统手工喷雕提高至少 1 倍以上，批量加工的产品质量比传统手工喷雕的质量

稳定性提高50%以上。对年产5000平方米的喷雕装饰艺术玻璃或艺术瓷砖的企业，年新增利润100万元以上。改变了国内外装饰艺术玻璃、艺术瓷砖背景墙等传统产业，特别是河北沙河玻璃产业基地的喷雕技术装备落后现状，解决了制约企业发展的瓶颈问题。该技术的推广实施可培训现有从业人员500~1000人次，提高从业人员的喷雕技能和综合职业素质。可为企业提高生产效率，提升产品质量，降低生产成本，消除环境污染，促进安全生产，保障工人身体健康，助力装饰艺术玻璃行业健康发展和产品结构升级。

针对沥青混凝土路面热再生热效率低、工程油耗高的难题，对就地热再生沥青路面加热温度场进行了温度场仿真，计算不同加热时间沥青路面内部各层温度及达到施工温度所需的时间，使沥青混凝土路面热再生热效率得到提升；研发了加热耙松装置，可提高热效率20%，降低燃油消耗，每年可降低综合施工成本50万元以上，因热效率的提高从而提高了施工速度，年增加利润可达到100万元以上；修订了《河北省沥青路面就地热再生施工技术规范》和《沥青路面就地热再生施工技术规程》，有效指导了河北省秦皇岛市河北大街路面热再生修复工程施工项目的实施。

开展技术咨询等服务，为中小微企业培养创新型技术技能人才。积极参与政府主导的产业园区建设，向政府和企业提供技术咨询和技术攻关等服务。依托材料检测中心为企业提供测试服务，有效发挥了中心的社会服务功能，为建材产业健康可持续发展作出了重要贡献。依托职教集团建材行业特有工种技能鉴定站，保障企业岗位需求和员工发展需求，整合职教集团企业资源和专业资源优势，通过实习基地建设、培训中心建设等途径，校企共同开发培训课程体系，分层次对企业管理人员、技术骨干和生产一线员工开展多种形式的职业技能与业务水平培训。2019年，为中国耀华玻璃集团、金隅冀东水泥等企业培训生产管理人员、技术骨干和一线生产岗位员工1073人。

五、河北对外经贸职业学院推动科技成果转化思路举措

学院着眼产教融合，深化校企合作，多举措推进现代学徒制。2015—2019年间，学院职业教育研究中心作为学院科技成果的管理部门，按照学院的统一规划与部署，中心领导靠前指挥、积极谋划，各科室分工协作、有条不紊、认真落实、扎实工作，出台并完善了科技成果管理制度，谋划了科技成果转化政策，初步构建了科研成果管理与转化的基本体系，形成了在文科类高职院校中支持、鼓励、推动科技成果转化的基本思路与前瞻措施。2017年11月，学院出台了《河北对外经贸职业学院科研工作管理办法》，明确了科技成果认定、科技成果知识产权归属、职务发明专利的校方与发明人之间权利与义务关系、发明专利与实用新型专利的奖励措施等；2019年11月，学院积极落实上级有关文件精神，将科技成果管理与转化工作放在科研管理的重要位置，完善并施行了新的《科研工作管理办法》，对科技成果转化的方式、途径、结果作了明确规定，将科技成果转化产生的价值作为专业技术职务晋升与职称评聘的重要指标，完善了发明专利与实用新型专利的院级配套奖励措施，极大地提高了学院全体教职工投身科技创新、推动科技成果转化的积极性。2020年，为了进一步推动文科类高职院校的科技成果转化工作，学院成立了科技成果转化工作领导小组，拟制定并出台《河北对外经贸职业学院科技成果转化管理办法》，从组织上与机制上强化科技成果管理与转化，使转化工作科学化、规范化、常态化，并力争在"十四五"期间科技成果转化取得实质性进展，获得良好的社会效益与经济效益。

六、秦皇岛职业技术学院推动科技成果转化思路举措

1.建立健全学院科技成果转化的管理体制

创新科研和管理，建立科学化的科研管理体制。一是制定相关政策，

促进教师更多地开展技术开发与产业化研究。二是不断完善科技成果转化的激励机制。三是通过制度规定，成果转化收益按比例对成果所有人、成果转化人进行奖励，从而调动教师参与科技成果转化的积极性和主动性。为提高广大教师开展横向科研服务的积极性，学院修订完善了《职称评定管理办法》和《科研经费使用和管理办法》等，其中明确提出将横向课题到款额作为教师职称评审和晋级的重要指标，并对课题给予配套资助。2015年以来，学院横向课题累计到款额达到200多万元，纵向课题经费累计到账150多万元。

2.利用优势资源，加强校企合作

利用人才和技术优势，积极与企业联系，充分利用企业的资金，为其提供技术服务，并建立起战略联盟与合作伙伴关系，将已有科技成果迅速应用于实践，提高了科技成果的转化率。学院搭建由校内专家和企业高级管理人员、能工巧匠等多方资源组成的协同创新平台，充分发挥平台的桥梁与纽带作用，实现各类教科研和技术服务资源的整合，推动协同创新中心与行业、企业、高水平院校、科研院所等开展深度合作，制定出台各项规章制度，成立应用研究机构，形成引领行业发展的研究成果。几年来，校企联合成立了8个高校应用技术研发中心（或研究所）、2个校企协同创新中心、18个科技服务创新团队。

第八章　推动高校科技成果转化对策

一、建立科技成果供需数据平台

为了提高驻秦高校科技成果转化针对性、实效性和成功率，摸清驻秦高校科技成果供需双方底数，就要建立科技成果供需数据平台，高校科技成果向哪些企业转化，企业需求的科技成果哪些高校拥有，双方都有强烈合作转化的愿望，但因情况不清导致双方愿望都难以实现。因此，建立科学、准确、精准、动态的数据库非常必要，也非常重要。

科技成果供需数据平台主要包括两个方面：一是高校科技成果数据库，二是企业需求科技成果数据库。总数据库的建立由市科技局负责牵头，相关部门配合。高校科技成果数据库的建立由市教育局牵头负责，企业需求科技成果数据库由市工信局牵头负责。高校科技成果数据库，主要包括高校立项科技研发情况，具备中试条件的科研成果情况和已具备转化条件的科技成果情况，向秦皇岛哪些县区、哪些领域、哪些行业、哪些产业、哪些企业转化更有价值，所转化的项目需要新建企业、产业提升、技术更新、新产品开发等内容。企业需求科技成果数据库，主要包括当前需求的科技成果、未来五年内需求的科技成果和企业中长期发展需求的科技成果，企业吸引科技成果的优惠政策，为提供科技成果的高校以及科研人员提供哪些方便，企业吸引科技成果所具备的各种条件，科技成果转化后未来经济效益和社会效益评估结果。科技成果总数据库由市科技局负责建立，市教育局和市工信局定期将两个数据库的情况向市科技局通报，市科技局建立科技成果转化平台，及时向供需双方发布，采取召开新闻发布会、现场对接会,媒体定期发布,组织专家现场宣讲等多种方式进行发布,确保供需双方对供需情况心中有数、了然于心。对于具备转化条件的科技成果,加强转化协调指导,建立工作专班,加大推进力度,强化责任落实,务求转化实效。对于有转化前景的科技成果,科技部门应提前研究培育计划,实施科技成果转化推进专项行动,谋划一批、储备一批、转化一批,确保科技成果转化取得实效。对于企业当下、未来五年以及中长期发展需要的科技成果,根据轻重缓急、市场前景预判、与全市产业发展契合程度等情况,应支持的项目及时和有关高校对接、及时立项、及时组建高水平团队、及时研发,给予必要的支持、指导和服务,确保科技成果及早研发成功、及早进行转化、及早产生效益,推动企业发展、产业升级、经济发展。

二、建立科技创新发展研究机构

推动科技成果转化主要是解决高校科研经费不足、科技成果与市场联系不紧密、企业高层次人才紧缺等问题,解决这个问题就必须将高校与企业紧密结合起来,建立高校、企业科技创新发展研究机构。选择高校优势学科专家团队,与高校优势学科专家团队一致或相关的产业联盟和相关企业组成创新研究院。科技创新研究院由市政府或县区政府牵头组织,高校、企业三方领导和专家参加。牵头单位负责科技创新研究院总体谋划、协调推进、督导落实、成效评估和奖罚兑现。高校负责组建专家团队,确定专家团队负责人和参加人员,组织课题研究,保障科研条件,制定鼓励政策,提高科研水平。产业联盟和企业提供生产急需的和未来新上的项目课题,提供必要的科研经费,保障中试条件,提供转化条件(包括土地、人才等)、转化成效评估。科技创新研究院属于松散型组织,统一领导、分工负责、密切合作、利益共享、风险共担、同舟共济、共同发展。既可以某一高校和相关产业联盟、企业建立科技创新研究院,也可以某一高校牵头,驻秦高校相关专业专家参加;既可以某一高校和若干产业联盟、企业建立创新研究院，也可以一个产业联盟、企业和若干高校组建科技创新研究院。

三、建立科技成果转化中试基地

科技成果从研发到产业化必须经过中试环节，不经过中试环节没有办法进行产业化，这是科技成果转化的瓶颈问题。科技成果转化中试基地是为破解企业的中试难题，提升行业和企业自主创新能力，加快推进先进适用科技成果转移转化，依托高校、科研院所和龙头企业的科技创新资源建设的开放共享的中试基地。高校没有中试经费和条件，企业见不到效益不可能青睐中试工作，科研成果不经过中试又不可能达到成熟的转化条件。因此，突破中试环节的瓶颈，对于推动科技成果转化至关重要。建立中试基地不单是经济活动，也需要政府和相关部门采取措施、务实推动。各县区经济开发区、高科技产业园区，均承担各自区域重点规划和发展职能，享有许多与之配套的优惠政策，具有吸纳高校科技成果转化的广阔空间。市政府应出台针对性强的政策措施。在各开发区、高新科技产业园区建立高校科技成果孵化园区，单列土地使用指标。采取"筑巢引凤"策略，按照"先建成后奖补"的方式，进行中试基地前期建设。鼓励企业先建成中试基地后政府给予奖励补助的思路推动我市中试基地建设。市政府出台中试基地建设相关的指导意见，科技成果转化中试基地实行备案制，市科技局对纳入备案管理的中试基地统一授牌，明确中试基地建设标准、奖补方法、考评机制等，定期进行考核评价，对考核评价优秀的予以奖补支持，并支持符合条件的中试基地优先承担省科技计划（专项、基金）研发任务；以全市的支柱产业为中心鼓励各县区重点企业建设中试基地，企业建成的中试基地验收后为挂牌中试基地，政府给予一次性奖励资金；企业引进高校科技成果实施转化，完成中试正式投入生产的，按照产品中试费用给予一定比例的补助资金；高校科技成果持有者在中试基地完成转化的，经专业评价后，可给予高校科技成果持有者一定比例股份；我市应设立重大科技成果中试专项奖励，对我市经济结构调整、产业结构优化、产品结构升级换代具有重大影响、辐射带动作用强、带来较大经济效益的科技成果应列入市级重大科技成果中试专项给予重点支持，保证高校科技成果在中试基地顺利完成。

四、建立科技成果转化评价机制

科技成果评价是科技评价的重要内容，是科技成果管理的重要组成部分，直接关系到科研的发展方向和科研人员的积极性以及经济建设的发展。根据我国社会主义市场经济和科学技术发展需要，建立规范、科学和统一的科技成果评价机制，有利于科技成果评价工作的健康发展，起到了鼓励自主创新、加快人才培养、促进科技成果的转化和产业化的作用。近年来我市科技成果转化评价工作取得了一定成绩，但还存在着许多不尽如人意的地方，从一定程度上影响着科技成果转化工作的有效开展，因此加强评价机制建设是非常迫切的。一是要明确科技成果评价的指导思想和基本原则。科技成果评价应以加速科技成果转化应用为核心，鼓励自主创新，加快人才培养，推动建立科学规范、客观公正、形式多样、监管有力、运行良好的科技成果评价体系。二是要明确今后科技成果评价的发展方向，推动形成市场评价、专业机构评价和必要的政府评价相结合的多元科技成果评价模式，鼓励社会专业评价机构开展科技成果评价，推行科技成果分类评价，建立健全科技成果评价中的责任机制。三是建立完善科技成果评价政策和保障措施，包括研究制定科技成果分类评价标准和操作规范，建立专家库，支持建立科技成果评价行业自律组织，制定科技成果评价机构管理办法等，确保科技成果评价工作规范和有序。

五、出台科技成果转化优惠政策

科技成果转化优惠政策其实质就是让基础研究的科技成果从实验室走进企业和市场，解决科技成果转化"最后一公里"问题。采取个案政策推动高校科技成果在我市转化是必要的，出台综合优惠政策是必需的。优惠政策的制定内容要全面，措施要具体，应具有较强的吸引力和可操作性。既要对高校科技成果在我市转化给予鼓励，又要激励企业吸引高校科技成果的积极性和主动性。优惠政策既要对高校鼓励又要对科技工作者个人进行奖励。优惠政策制定的思路是先落地、有效益后进行奖补，既要有降费免税等物质奖励又要有精神鼓励表彰。对高校科技成果在我市转化，可在现有的科技成果转化项目奖补、财税支持等优惠政策基础上，出台有针对性的政策措施，主要包括设立高校科技成果转化专项基金、强化科技成果持有人的股权激励、强化财政资金支持、强化税费减免支持、加大企业融资扶持力度及创新政府采购政策等内容。通过细化这些优惠政策，形成可操作性的措施，让高校科研人员能够通过科技成果在我市转化取得比其他地区更丰厚的报酬，使科技成果承接企业获取更充分的利益，真正打通高校科技成果在我市转化的"最后一公里"。

六、加强科技中介服务组织建设

科技中介服务在成果转化过程中起着关键、核心作用，加强科技中介服务组织建设可以有效促进科技和经济的紧密结合。科技中介服务机构可以提升工作效率、实现资源互通、加速成果转移转化、保障技术方权益。但目前科技中介服务机构真正能发挥作用的数量偏少，结构不合理，分布不均衡，服务功能较为单一，一些新兴或急需的行业中介机构非常有限；中介服务人才不足、队伍不稳定，从业人员整体素质偏低，制度不健全，行为不规范，缺乏有效的管理与经营模式以及公认的权威中介机构；科技中介服务机构在体制和运行机制上都远不能满足科技与经济发展的需求，特别是新形势下对科技中介服务的要求，大多依赖于政府有关部门或上级单位，社会化、产业化的程度较低。同时，由于长期缺少投入，基础设施落后，体制、机制以及思想观念等方面还存在着许多不利因素，在很大程度上严重制约着科技中介服务体系的发展。因此，要从以下几个方面入手：一是加强科技成果中介机构自身建设。主要包括数据库建设、网络建设、基础设施等硬件设施建设。对标先进科技中介机构的类型、模式、制度等，组织交流与合作、学习先进发展经验，通过"请进来、走出去"方式提升科技中介机构的整体水平，保证科技中介机构有效益高效运转。二是重视科技中介服务人员队伍建设。严格执行科技中介服务人员的入职标准；鼓励支持科技中介组织定期开展业务能力培训，提升科技中介服务机构人员综合素质。构建科技中介服务机构人才库。积极从高校、科研院所、企业中吸引科技专业人才，为科技中介机构人才储备提供保障，科学制定人才发展政策，不断壮大科技中介服务机构队伍。三是优化科技中介服务发展环境。逐步完善科技中介服务机构相关政策、法律，对科技中介给予支持，完善的政策和法律法规是科技中介服务机构的生存和发展的前提条件。明确法律定位、权利义务、组织制度和发展模式等。成立中介服务体系专家指导组。建立科学、系统的考核评价体系，对科技中介服务机构进行分类管理。为科技中介服务机构提供业务培训、制定行业标准、政策解读、咨询专家等。逐步形成法律定位明确、政策扶持到位、监督管理完善的发展环境。

七、激发高校科技成果转化活力

推动科技成果转化的源头和基础是高校。只有高校有了更多、更适合在秦皇岛转化的科技成果，激发高校的科技成果向秦皇岛转化的积极性、主动性、创造性，才能提高高校科技成果向秦皇岛转化的水平。一是市政府、科技、发改、工信等部门在各种立项中要向高校服务秦皇岛发展倾斜。二是要压实高校责任。引导高校立足服务秦皇岛发展开展科研。高校优化顶层设计，成立科技成果转化领导小组，加强科技成果转化工作的领导和统筹协调；成立高校科技成果转化咨询委员会，成立高校地方经济研究委员会，对相关重大项目提供决策咨询；成立科技成果转化管理机构，完善科技成果的管理和运行；在对科研人员职称评聘、职务晋级中突出对科技成果转化的比例，高校应该引导教师正确地认识科研的目的，是为了服务社会、解决实际问题，不只是为了评职称；从根本上解决教学和科研相矛盾的思想，引导教师正确认识教学与科研是互相促进、相得益彰的关系；各高校出台科技成果转化推广奖励的相关政策。三是科技创新的关键在于人才，科技成果转化的关键更在于人才，完善出台科技成果转化的系列鼓励政策，保障一批高校科研人员全身心投入科技成果转化的工作中，对于高校科研成果向秦皇岛转化好的高校和科研人员要给予适当的奖励，同时在支持学校发展、解决学校办学困难、回应师生诉求等方面加大工作力度。

八、强化企业科技成果转化责任

企业发展需要产业升级、研发新产品，也需要上新项目，上新项目就需要引进引领发展的高科技项目，那么引进秦皇岛高校的科技成果是成本最低、见效最快、服务最方便的选择。一要引导企业在思想上认识到引进驻秦高校科技成果的重要性、实效性和便利性。二要对于积极引进驻秦高校科技成果的企业项目市政府相关部门在立项、土地供应（上项目时的手续）上给予支持。三要加强企业引进高校科技成果的服务力度，建立工作专班，一个项目确定一个牵头领导，相关部门要参加，手续从简、政策从优、服务求好。四要把企业引进高校科技成果工作列入企业考核评价体系内容之一，定期考核、定期通报、定期总结、不断提高。

九、打造科技成果转化示范工程

采取典型引路、示范推动的工作方法是做好工作的重要经验。几年来，我市高校科研成果向企业转化的成功经验很多，比如：河北科技师范学院的省级芦笋工程技术研究中心专家团队，与秦皇岛长胜营养健康科技有限公司成功合作案例；东北大学的"烧结生产全流程智能综合自动化"理论和技术的专业研发团队，已为秦皇岛首秦、安丰钢铁等企业开发烧结混合料水分自动检测装置30余套，合同金额160余万元。市政府要发挥领导作用和推广典型作用，及时研判高校科技成果转化进展情况，聚焦问题、精准施策、总结成功经验，不断提高高校科技成果在秦皇岛转化的水平。组织新闻媒体对典型案例进行采访，加大宣传力度、推广先进经验。组织专家学者深入调研，撰写有深度、有理论、有分析、有价值的调研报告和理论文章，形成良好导向。市政府相关部门要组织高校向秦皇岛科技成果转化工作推进会和经验交流会，通过多种措施抓好典型示范工程具有的带动作用、导向作用，可以产生"一花引来万花开"的效应，实现高校科技成果向秦皇岛转化的浓厚氛围。

十、加强科技成果转化组织领导

积极推动驻秦高校科技成果向秦皇岛转化是功在当代、利在千秋的重要工作，既是推动秦皇岛高质量发展的战略举措，又是深化校地合作、产教融合的战略举措，还是推动高校高质量发展的战略举措，因此应加强科技成果转化组织领导，并且需要市委市政府和相关部门、高校以及企事业单位的密切配合、协调联动、强力推进。市委市政府应高度重视，加强统一领导，强化顶层设计，着力精心指导，努力把驻秦高校科技成果向秦皇岛市转化工作提上新水平，把驻秦高校科技成果向秦皇岛转化打造成落实党的十九大精神、推动创新发展的样板工程，打造成秦皇岛创新工作的亮丽名片。市政府相关部门要把高校科技成果向秦皇岛转化工作摆上重要议程，主要领导靠前指挥，分管领导一线作战，分管科室全力推动，把各部门推动工作情况列入对部门的考核，严格考核、奖优罚劣、兑现奖惩。各高校要把向秦皇岛科技成果转化工作作为党委重要工作之一，形成党委指挥、行政推动、部门落实、专家参与的生动局面，把科技成果向秦皇岛转化的成效作为立足秦皇岛发展的重要考量之一。各企事业单位要认清驻秦高校科技成果向秦皇岛转化的重大意义，抢抓机遇、主动谋划、积极作为，把吸引高校科技成果转化工作作为推动企业高质量发展的重大举措，战略选择。

第九章　高校推动科技成果转化措施

近年来,驻秦高校出台了一系列推动科技创新工作的政策文件,驻秦高校科技成果在本市转化的数量越来越多,使高校科技工作更好地为经济社会发展服务。本章通过查阅驻秦高校出台的大量文件,收集整理学术会议、研讨会、座谈会相关材料,对秦皇岛市部分高校出台的有关推动科技成果转化的相关文件政策进行研究,梳理和总结出推动高校科技成果转化的具体措施。对于了解、学习、掌握各高校推动科技成果转化的政策措施具有学习借鉴意义。

一、燕山大学推动科技成果转化措施

燕山大学为充分调动学校科技人员的积极性,加速学校科技成果转化,明确科技成果转化收益分配。

一是明确了科技成果,是指通过科学研究与技术开发所产生的具有实用价值的成果,包括专利、成果鉴定、结题报告、项目验收报告、论文、获奖等成果。职务科技成果,是指执行学校的工作任务,或者主要是利用学校的物质技术条件所完成的具有实用价值的科技成果。职务科技成果的知识产权归属于学校。科技成果转化,是指为提高生产力水平而对科技成果所进行的后续试验、开发、应用、推广直至形成新技术、新工艺、新材料、新产品,发展新产业等活动。科技成果转化方式分为使用权许可、所有权转让(技术转让)、技术开发、技术咨询、技术服务、作价入股等方式。

二是学校授予成果完成人(团队)职务科技成果的使用权、处置权和收益权。科技成果处置后由成果完成人（团队）报学校科研管理部门备案。

（1）成果完成人（团队）自行创办企业实施科技成果转化时，必须与学校签订书面合同，依法约定学校在该企业中享有的股权或出资比例。

（2）科技成果以使用权许可、所有权转让（技术转让）、作价入股方式实施转化的，由成果完成人（团队）负责合同谈判，确定拟交易价格、参股比例，并草拟合同文本，向所在单位提出合同签订申请，所在单位同意后提交科研管理部门审核，审核通过后办理公示手续，将成果名称和拟交易价格、参股比例等信息在科研管理部门网站公示15日，公示结束无异议后签订技术转让、实施许可或者技术入股合同。公示有异议的，提交学校科技成果转移转化领导小组研究决定处理方案。

（3）科技成果以技术开发、技术咨询、技术服务等方式实施转化的，由成果完成人（团队）负责合同谈判，确定拟交易价格，并草拟合同文本，向所在单位提出合同签订申请，所在单位同意后提交科研管理部门审核，审核通过后签订合同。

三是科技成果转化依据《燕山大学合同管理办法》签订合同。合同中必须包含知识产权保护条款，并对知识产权的归属以及利益的分配加以约定。

（1）现金收益分配。现金收益是指以使用权许可、所有权转让（技术转让）、技术开发、技术咨询、技术服务等方式进行科技成果转化获得的收入扣除对科技成果所进行的试验、开发、应用、推广和资产处置过程中发生的直接费用后折合为现金的收益。学校的职务科技成果转化后，现金收益按以下方式分配：收益额低于100万元（含）部分的95%，100万～300万元（含）部分的90%，300万～500万元（含）部分的85%，500万～1000万元（含）部分的80%，超过1000万元部分的70%，归成果完成人（团队）；科技成果在秦皇岛市范围内转化收益额的95%归成果完成人（团队），其余部分作为学校收入。研发团队或成果完成人将个人收益直接用于创办企业或者投入受让企业所形成的股权收入，在形成现金收入后，按国家有关政策缴纳个人所得税。

（2）股权收益分配。股权收益是指以作价入股方式进行科技成果转化获得的股权收益。利用职务科技成果作价入股的，股权收益按以下方式分配：低于100万元（含）部分的95%，100万~300万元（含）部分的90%，300万~500万元（含）部分的85%，500万~1000万元（含）部分的80%，超过1000万元部分的70%归成果完成人（团队）；科技成果在秦皇岛市范围内转化股权的95%归成果完成人（团队），其余部分作为学校收入。

（3）成果完成团队负责人有内部收益分配权。

（4）科技成果转化收益中学校的收益部分，作为学校的科研事业收入，统筹用于支持科学研究、科技成果转化等。

（5）科技成果转化收益中个人收益部分，纳入工资总额管理，但不计入工资总额基数，不作为计提依据。

四是科技成果以技术入股方式转化的，学校股权部分由产业集团代表持有，并行使股权管理。学校加强科技成果转化机构建设。学校科技人员可通过合同形式承担学校成果转化机构委托的技术服务工作。学校设立成果转化岗位，加快科技成果转化。学校支持科技人员创新创业，从事科技成果转化工作。科技人员在岗兼职、离岗创业按照学校相关规定审批。担任领导职务的科技人员参与技术入股、兼职或离岗创业实施成果转化的按照组织、人事部门相关规定执行。学校将科技成果转化工作纳入对学院工作的考核范围。在教师职称评聘和上岗晋级考核中，将成果转化作为评聘考核的重要条件，对科技成果转化业绩突出的科技人员可破格评聘。支持在校大学生创新创业。成立大学生创新创业培训机构，为大学生创新创业提供技术支持和平台支撑。

五是科技人员未经学校允许，不得泄露本单位的技术秘密，或者擅自转让、变相转让职务科技成果。采取转让、对外投资等方式实施科技成果转化的，参与成果转化决策的领导人员因缺乏经验、先行先试出现失误发生亏损的，按程序认定后可免除其决策责任。

二、东北大学秦皇岛分校推动科技成果转化措施

1.明确组织机构

学校成立由校长、分管校领导及监察审计处、学校办公室(法制办公室)、科技处、人事处、财经处、资产与实验室管理处、档案馆、大学生创新创业中心等部门负责人组成的科技成果转化领导小组,统一领导学校知识产权和科技成果转化工作,并建立科技成果转移转化集体决策制度。科技成果转化领导小组下设科技成果转化管理办公室,挂靠科技处,科技处处长担任科技成果转化管理办公室主任。科技成果转化管理办公室是学校科技成果转化的组织与管理部门,具体负责知识产权和科技成果转化的日常管理工作。

2.实施与转化管理

学校建立科技登记、报告、公示、信息公开制度,建立统一的科技成果转移转化信息服务平台。成果完成人应按要求对拟转化的科技成果,报科技成果转化管理办公室登记。科技成果转化管理办公室负责对登记成果进行组织评估、筛选和信息发布。拟转化的科技成果应当权属清晰。学校在实施科技成果转化时,可以通过在技术交易市场挂牌、拍卖等方式确定价格,也可以通过协议定价。学校职务科技成果完成人和参加人在不变更职务科技成果权属的前提下,可以与学校签订协议,进行该项科技成果的转化,并享有相应权益。学校在校学生为科技成果独立完成人的,学校可授权学生免费使用或享有该项成果并实施转化;在校学生为科技成果完成人之一的,经全体发明人同意,学校可以采取专利许可方式,授权学生免费使用该项科技成果进行创新创业,并提供必要的条件支持。科技成果通过作价入股方式进行转化的,如需资产评估,由科技成果转化管理办公室委托第三方专业机构进行。成果完成人与技术需求方形成合作意向后,应提交《科技成果转化申请登记与审批表》,科技成果转化管理办公室参加转化项目的商务谈判并组织分级审批。学校优化科技成果转化管理层级,制定

规范合理的科技成果转化流程图，并根据转化的交易内容实行分级审批：（1）100万元（含）以下的科技成果转化项目，科技成果转化管理办公室审批，向科技成果转化领导小组通报，国有资产管理办公室备案。(2)100万～1000万元（含）的科技成果转化项目，科技成果转化管理办公室审核，科技成果转化领导小组审批，向校长办公会通报，国有资产管理办公室备案。（3）1000万元以上的科技成果转化项目，由科技成果转化领导小组审核，校长办公会或党委会审批，国有资产管理办公室备案。（4）副校级以上领导作为科技成果完成人参与成果转化时，需提交校长办公会或党委会审批，科技成果转化管理办公室、法制办公室组织与技术需求方签订合同。实行协议定价的转化项目，需通过学校网站、公示栏等公示科技成果名称、简介等基本要素和拟交易价格等交易信息，公示时间为15日。公示期满无异议的方可签订合同。

  科技成果转化公示期内有异议的，按照如下程序和原则处理：（1）异议必须以书面形式提出，科技成果转化管理办公室只接收实名、书面提出的异议。（2）接到异议后应中止转化，由科技成果转化管理办公室组织相关部门核实情况，于5个工作日内提出初步处理意见，报科技成果转化领导小组批准决定。（3）经科技成果转化领导小组认定异议理由不能成立的，将继续予以公示；对异议理由充分，异议成立的，转化中止。转让、实施等相关合同自生效之日起一周之内报科技成果转化管理办公室备案。科技成果转化管理办公室负责办理专利实施许可、转让合同在国家知识产权局的备案以及该合同在技术市场登记、认定免税事宜。科技成果转化管理办公室确认学校持有的科技成果作价入股所形成的企业股份或出资比例，由科技成果转化管理机构统一管理，办法另行制定。学校鼓励科技成果转化首先在中国境内实施。向境外的组织、个人转移转化科技成果的，应当遵守相关法律、行政法规以及国家有关规定，履行相关审批程序。涉密科技成果实施转移转化的，须依法依规履行相关审批程序。

3.收益分配

学校科技成果转化收益全部留归学校,纳入学校总预算,学校对完成或转化职务科技成果作出重要贡献的人员和单位给予奖励和报酬。鼓励重大科技成果以及产生较大社会影响和经济影响力的科技成果转移转化,从转化所得中,按照分配标准对职务科技成果完成人和为成果转化作出重要贡献的其他人员、二级管理部门等给予奖励和报酬,收益按合同额阶梯递进式分配。科技成果的转化收益,应扣除项目执行成本后,再进行分配。

科技成果实施许可收益分配

转化合同额(万元)	学校与团队分配比例(%) 学校	学校与团队分配比例(%) 成果完成团队	学校收益再分配比例学校:二级部门:科转基金
合同额≤500	10	90	4:3:3
500<合同额≤1500	8	92	4:2:2
合同额>1500	6	94	2:2:2

科技成果转让收益分配

转化合同额(万元)	学校与团队分配比例(%) 学校	学校与团队分配比例(%) 成果完成团队	学校收益再分配比例学校:二级部门:科转基金
合同额≤500	20	80	8:6:6
500<合同额≤1500	15	85	6:5:4
合同额>1500	10	90	4:3:3

科技成果作价入股收益分配

转化合同额(万元)	学校与团队分配比例(%) 学校	学校与团队分配比例(%) 成果完成团队	学校收益再分配比例学校:二级部门:科转基金
合同额≤500	30	70	10:10:10
500<合同额≤1500	20	80	8:6:6
合同额>1500	15	85	6:5:4

注:(1)科技成果作价入股形成的股权由学校统一管理,股权变现或

分红时，扣除税收等直接成本后，按以上比例进行分配；股权达到控股或相对控股时，学校和成果完成团队按以上比例分别持股，学校所持股权变现或分红后再按照"学校收益再分配比例"进行分配。

（2）学校指定成果主要完成人或其他相关人员担任入股公司董事等，代学校行使股东权力，并及时向学校反馈公司经营信息。

职务科技成果完成人的奖励，由成果主要完成人协商提出分配比例，财经处进行分配，可按月支付，也可以按年终奖励支付。学校科技成果转化收益奖励给二级部门的部分，由其制定管理办法，主要用于成果转化相关人员的奖励，按年度提出奖励方案，财经处进行分配。学校成立科技成果转化发展基金，用于知识产权的创造、管理、运用、保护及服务等，实现知识产权强校；用于建立成果转化职业经理人队伍，形成对接市场、成果交易、投融资服务的科技成果转化服务体系；推动重点区域、重点行业、重点企业共建科技成果转化基地，助力学生开展创新创业活动，管理办法另行制定。学校以许可或转让方式转化科技成果的，科技成果完成人可选择适用本办法规定的分配比例，也可以选择适用横向经费管理规定的分配比例。学校正职领导及所属具有独立法人资格单位的正职领导，是科技成果的主要完成人或者为成果转移转化作出重要贡献的，可以获得现金奖励，不得给予股权激励；其他担任领导职务的科技人员，是科技成果的主要完成人或者为成果转移转化作出重要贡献的，可以获得现金、股份或出资比例等奖励和报酬。对担任领导职务的科技人员的科技成果转化收益分配实行公示和报告制度，明确公示其在成果完成或成果转化过程中的贡献情况及拟分配的奖励、占比情况等。支持和鼓励第三方机构和校内外人员为学校科技成果转化提供中介服务，对成果转化作出重要贡献人员可给予奖励，奖励金额由相关方事先协商解决，学校将逐步建立成果转化职业经理人队伍。

4.考核评价

设立专门的科技成果转化岗位并建立相应的评聘制度，将成果转化工作绩效列入学校对相关部门的考核指标。鼓励利用转化收益经费聘任兼职科研队伍,探索科技人员全职或兼职开展创新创业。对从事应用技术开发、科技成果转化的科技人员,增加技术创新、专利发明、成果转化、技术推广、标准制定等评价指标的权重,将科技成果转化取得的经济效益和社会效益作为职称评审的条件。鼓励科技人员承担科技成果转化项目并将其纳入职称评审和业绩考核条件。

5.法律责任

下列情形之一的,学校将根据具体情况,责令当事人改正、退还非法所得,取消其获得的优惠待遇或奖励,并对其给予批评或行政处分,追究相关法律责任:(1)将学校职务科技成果私自转让或以任何形式变相转让,擅自实施或擅自与他方合作实施,私自与他方交易侵犯学校知识产权;(2)私自在外设立公司或私自承接各类项目中侵犯学校知识产权;(3)在科技成果转化过程中,转化收入不入学校指定账户;(4)除所签订合同条款约定外,私自向受让方索取或接受现金和其他物品;(5)未经学校管理部门许可,向科技成果受让方提供超出合同规定的技术资料;(6)科技人员故意夸大技术成熟度和技术水平,或提供虚假技术资料,引起合作纠纷;(7)在科技成果转化活动中弄虚作假,非法牟利,骗取奖励;(8)除不可抗拒因素,未能履行合同,造成合同纠纷,严重损害学校声誉和权益。

三、东北石油大学秦皇岛校区推动科技成果转化措施

为了规范科技成果转化的组织和管理,促进科技成果的推广与转化,提高产学研工作水平,更好地为国家和地方经济建设服务,出台以下具体措施:

一是明确"科技成果"是指学校职务技术成果,即学校所有在岗、在编人员和在读学生完成学校承担的科技任务,或者利用学校的名义,或者主要利用学校的物质技术条件所完成的发明创造,包括已经申请专利的职

务发明、授予专利权的发明创造、软件著作权和其他非专利的技术、工艺、方法、产品等。对于在已完成转化科技成果基础上，利用或者主要利用学校的人力、物力等资源对原成果进行升级、改造后再实施转化的，科技成果转化是指对科技成果所进行的后续试验、开发、应用、推广直至形成新产品、新工艺、新材料和发展新产业等活动。科技成果转化方式主要有自行投资实施转化；向其他法人或自然人转让该科技成果；许可他人使用该科技成果；以该科技成果作为合作条件，与他人共同实施转化；以该科技成果作价投资，折算股份或出资比例。开展科技成果转化工作应当遵循自愿、互利、公平、诚实守信的原则，必须遵守国家法律、法规和学校相关文件规定，依据合同约定，享受利益、承担风险。科技成果转化活动应保护知识产权，维护国家和学校的利益，服从学校主管部门的管理和监督。

二是组织和实施。学校成立科技成果转化工作领导小组，组长由校长担任，副组长由分管科技和国家大学科技园的副校长担任，领导小组成员由科研处、国家大学科技园、教务处、研究生院、计划财务处、人事处、资产管理处等部门主要负责人组成。负责全校科技成果转化的统筹规划、顶层设计和任务布置等工作。学校成立"技术转移中心"（兼领导小组办公室），全面、具体负责全校科技成果转化的实施工作，中心设在科研处，其主要职责是：指导、协调和服务各院部（及独立研究机构）（以下简称二级单位）开展科技成果转化工作；了解、收集学校可推广的科技成果进展情况，做好成果入库、发布和企业需求信息沟通工作；根据需要，组织科技成果转化方案的可行性论证和评估；为各二级单位和成果完成人提供相应的政策和法律帮助；帮助起草相关材料，负责与合作方签订成果转让协议；负责成果转化过程中的跟踪服务，积极争取国家、地方政府和企业的经费支持，对于有应用和转化前景的科技成果及时给予必要的经费资助；按照学校有关规定，开展与科技成果转化有关的其他工作；拟订学校有关科技成果转化的发展规划和政策措施。

三是各有关部门负责与学校科技成果转化有关的工作。科研处是学校科技成果的认定、管理机构，凡属学校科技成果，须经科研处认定后，方可进行成果转化；科技成果转化收入纳入学校财务进行统一管理，计划财务处负责转化收入的财务管理、会计核算和收入分配；人事处负责在科技成果转化过程中所涉及的人员聘任、流动、职称评审等工作，并负责制定有关文件；国有资产管理处管理和处置学校以技术入股方式所形成及衍生的资产。

四是国家大学科技园主要职责。对自行投资实施转化所形成的科技型企业进行管理，同时可对具有良好转化前景的科技成果进行重点培育并组织创办具有学科优势的科技型企业；承担学校科技成果转化中介、孵化、风险投资、转化基地等市场化专业服务，可设立有关分支机构或部门，专职履行孵化和风险投资等职能。同时，在学校支持下设立相应规模的成果转化基金，以多种形式支持科技成果转化，经营科技成果，争取市场回报。科技成果转化实行学校与二级单位两级管理。各二级单位应采取措施，对科技成果转化中的队伍组织、技术支撑等环节加强协调并给予必要支持，推进科技成果转化。科技成果的转让、许可和作价投资可以通过协议定价、在技术交易市场挂牌交易、拍卖等方式确定价格。协议定价的，须公示科技成果名称和拟交易价格，公示期为15日，公示期内无异议的按学校管理流程办理相关手续，其中以科技成果转让或许可方式转化的，须签订技术转让合同。对于向他人转让或许可的科技成果，原则上实行分级审批：（1）300万元以下（含300万元），由技术转移中心审核，科研处负责人审批；（2）300万元以上，由主管副校长审批。对于以科技成果作价投资的，由校科技成果转化领导小组审核，报校长办公会批准。

五是运行管理。成果完成人（项目组）应及时将职务技术成果上报科研处登记备案，并积极组织有关力量支持和参与科技成果转化活动，不得将科技成果及其技术资料占为己有。科技成果转化由成果完成人（项目组）提出申请，经所在二级单位签署意见后提交技术转移中心，技术转移中心对转化方案、投资价格、技术入股、可行性分析等进行审核。成果完成人

（项目组）也可自行转化，但应与学校签订协议，明确学校享有的权益。学校鼓励校内外相关机构、单位、个人参与科技成果的转化工作，对推动科技成果转化的中介人或机构，可从成果转化收入中提取3%作为技术转移的服务费。科技成果转化需签订科技成果转化合同，任何单位、个人不得自行对外签订科技成果转化合同。合同任务完成后，经二级单位审查同意，成果完成人（项目组）应向技术转移中心提出书面报告，汇报合同履行（完毕）情况，并按有关规定进行财务核算。跨年度的合同应在每年12月份将年度进展报告交技术转移中心，以便进行项目检查。与中国境外的企业、其他组织或者个人合作进行科技成果转化活动，须事先按照国家有关规定对科技成果的价值进行评估。科技成果转化中的对外合作，凡涉及国家权益或秘密事项的，须依法按照规定的程序进行。

六是收益分配。收益是指该成果转化产生的一切权益，包括转让费、许可费、技术入股的股权及与该成果相关的所有权益。科技成果转化形成的收益根据不同转化方式进行分配：（1）转让、许可转化方式。该方式所取得的净收入（转让收入扣除成本和税收等），学校、二级单位、成果完成人（项目组）按1∶1∶8的比例进行分配。（2）作价投资入股转化方式。该方式所形成的股权，学校与成果完成人（项目组）按2∶8的比例进行分配；学校所拥有的20%技术股权由国有资产管理处代持，同时，国有资产管理处代表学校所持有的20%技术股权产生的收益，扣除一定的管理成本费用后，在学校、二级单位之间按5∶5的比例进行分配。（3）自行投资转化方式所取得的净收入，学校、成果完成人（项目组）按1∶9的比例进行分配。（4）与他人共同实施成果转化的，在有关各方协商的基础上，以合同方式确定各方的收益比例（必须充分考虑学校的利益）。（5）科技成果转化所得净收益，按比例分配后所得部分，归科技成果完成人共同所有，学校以奖酬金的方式发放，成果转化主要完成人提供转化收益分配方案，拟奖励人员签字确认，成果转化主要完成人所在单位签署意见提交技术转移中心进行审批和公示，由财务处向个人和单位发放。财务处按国家有关政策规定代扣和代缴个人所得税,并按规定向税务机关履行备案手续,该部分收入计入当年高等学校工资总额,不纳入工资总额的基数。学校、二级单位从成果转化中所获得的收益主要用于支持本单位成果转化。成果转化中所涉及的产品研制冠名或监制冠名必须经学校同意,并与企业签订产品研制冠名或监制冠名合同。

七是法律责任。科技成果转化应依照有关法律法规,规范有序地进行。学校职务技术成果,其所有权归学校所有,科研处会同相关部门代表学校对成果归属行使裁定权。成果完成人不得阻碍技术成果的转化,不得将科技成果及其技术资料和数据占为己有,侵犯学校的合法权益。未经学校书面授权同意,单位或个人擅自实施或者变相与他人合作实施学校职务技术成果转化的,属侵犯学校权益的行为,学校将通过相关途径主张权利,并追究相关人员法律责任。科技成果转化中涉及国家安全和秘密的,依法按照规定的程序办理相应保密手续。参与人应遵守保密规定,加强国家秘密以及学校商业和技术秘密的保密工作,如发生泄密行为,按学校相关管理办法进行处理。发生下列情形之一,学校将通过法律手段收回其既得利益,同时,视情节轻重,对当事人给予批评教育、三年内停止申报各类科技项目、不得晋升职称或解除聘任等处分,直至追究法律责任:(1)隐匿转化收入,不按规定入账,或私自向受让方索取或接受现金和其他物品;(2)未能履行合同,因我方过错造成合同纠纷,严重损害学校声誉和权益;(3)故意夸大技术成熟度和技术水平,或提供虚假技术资料,引起合作纠纷;(4)未经许可,私自向成果受让方提供超出合作范围的技术资料;(5)其他违纪违规违法行为。学校毕业生及离职、离休、退休人员,在校期间所从事和接触的技术成果、资料等均属学校知识产权,在离开学校后两年内,应承担保密责任,不得从事与此有关的科技成果转化活动。

第十章　驻秦高等院校基本情况概述

2019年，秦皇岛市拥有高校10所，其中本科高校5所，专科高校4所，广播电视大学1所，在校生119490人，占地9079.7亩，教职工8238人。其中有驻秦高校7所，分别为燕山大学（本科）、东北大学秦皇岛分校（本科）、河北科技师范学院（本科）、河北农业大学海洋学院（本科）、河北环境工程学院（本科）、秦皇岛职业技术学院（专科）、河北对外经贸职业学院（专科）、河北建材职业技术学院（专科）、东北石油大学秦皇岛校区（专科），在校生为94976人，教职工7006人，占地面积7790.387亩；市属高校3所，分别为河北对外经贸职业学院（专科）、秦皇岛职业技术学院（专科）、秦皇岛广播电视大学，在校生24514人，教职工1232人，占地面积1289.36亩。

拥有国家级重点实验室、工程技术中心等科研机构8个，省级重点实验室、工程技术中心等科研机构44个，国家重点学科5个，省级重点学科23个。

一、燕山大学基本情况及科研团队概述

燕山大学是河北省人民政府、教育部、工业和信息化部、国家国防科技工业局四方共建的全国重点大学，河北省重点支持的国家一流大学和世界一流学科建设高校，北京高科大学联盟成员。

学校源于哈尔滨工业大学，始建于1920年。1958年，哈尔滨工业大学重型机械系及相关专业成建制迁至工业重镇齐齐哈尔市富拉尔基区，组建

了哈尔滨工业大学重型机械学院。1960年,独立办学,定名为东北重型机械学院,成为原机械工业部直属高校。1978年,被确定为全国重点高等院校。1985年至1997年,学校整体南迁秦皇岛市。1997年,经原国家教委批准,更名为燕山大学。1998年,由原机械工业部划转到河北省,实行中央与地方共建,以河北省管理为主。2000年,河北轻工业管理学校并入燕山大学。

2016年,作为教育部选定的两所高校之一,学校的工程专业国家认证接受了《华盛顿协议》国际专家的观摩考察,支撑我国正式加入《华盛顿协议》国际工程教育组织。学校现有10个工科专业通过工程教育专业认证,标志着这些专业的人才培养质量得到国际认同,进入全球工程教育的"第一方阵"。

学校占地面积4000亩,建筑面积106万平方米。现有在校生33795人。现有教职工3200人,其中专职教师2200人,教师中教授492人(含博士生导师234人),副教授635人。有中国科学院院士1人,国家"千人计划"入选者5人,国家"万人计划"入选者4人,长江学者奖励计划特聘教授8人,国家杰出青年科学基金获奖者9人。

学校设有11个博士后流动站,14个博士学位一级学科,1个专业博士学位类别,30个硕士学位一级学科,17个专业硕士学位类别,64个本科专业,已形成以工学为主,文学、理学、经济学、管理学、法学、艺术学、教育学等8个学科门类共同发展的学科格局;拥有5个国家重点学科、5个国防特色学科和16个省级重点学科,工程学、材料科学、化学3个学科进入ESI排名全球前1%。在全国第四轮学科评估中,8个学科获得B类以上评估结果,其中机械工程为A类,全国排名前10%,材料科学与工程为B+,全国排名前20%。

学校设有研究生院和18个直属学院,即机械工程学院、材料科学与工程学院、电气工程学院、信息科学与工程学院(软件学院)、经济管理学院、外国语学院、建筑工程与力学学院、文法学院(公共管理学院)、马克思主义学院、理学院、环境与化学工程学院、艺术与设计学院、车辆与能源学院、体育学院、里仁学院、国防科学技术学院、国际教育学院和继续教育学院。

学校建有亚稳材料制备技术与科学国家重点实验室、冷轧板带装备及工艺国家工程技术研究中心、先进制造成形技术及装备国家地方联合工程研究中心、极端条件下机械结构和材料科学国防重点学科实验室、国家创新人才培养示范基地、国际科技合作基地、省部共建协同创新中心、国家技术转移示范机构、3个河北省协同创新中心以及43个省部级重点实验室、工程技术研究中心和社会科学研究基地；设有国家大学科技园和燕山大学出版社。

学校在重型机械成套设备、亚稳材料科学与技术、并联机器人理论与技术、流体传动与电液伺服控制技术、工业自动化控制理论与技术、精密塑性成形技术、大型锻件锻造工艺与热处理技术、极端条件下机械结构与材料科学等研究领域具有国际先进水平。2000年以来，学校连续获得国家科技奖励19项，其中国家科技进步一等奖2项、二等奖9项，国家技术发明二等奖4项，国家自然科学二等奖4项，承担"973"、"863"、国家重点研发计划、国家自然科学基金和国家社会科学基金项目970项。2013年和2014年，学校连续有2项科研成果入选"中国科学十大进展"和"中国高校十大科技进展"。

学校积极开展国际间的学术交流合作，共与英国、美国、加拿大、德国、俄罗斯、法国、韩国、日本等20多个国家和地区的80余所国际高水平大学、科研机构建立了友好合作关系，在学生交流、教师交流、科研合作、合作办学、联办会议等领域开展国际交流与合作。

以服务国家装备制造业、战略性新兴产业、国防科技工业和区域经济社会发展为己任，燕山大学4万余名师生员工意气风发，解放思想，锐意进取，科学发展，为把学校建设成为"特色鲜明、国内一流、世界知名的研究型大学"而不懈奋斗。

燕山大学部分科研团队简介

团队名称	科研方向
智能装备机电液一体化元件及系统创新团队	先进锻压装备系统、全液压风力发电机组、高压及超高压液压元件、高性能液压足式仿生机器人、航空航天液压元件及系统、工程机械机电液一体化仿真平台
金属材料精密成形及质量智能控制团队	金属材料精密成形及质量智能控制
精品金属带材板形与表面质量智能测控团队	板形与表面质量测控理论与技术、板带轧制过程智能化控制
集成系统多场耦合及智能制造技术研究团队	集成系统多场耦合及智能制造技术研究
冶金装备、材料及数字化技术团队	双辊薄带铸轧新技术、辊型柔性调控新技术、管材冷热加工技术、大型锻件宏细观氢害机理基础研究
超精密加工与智能制造团队	智能感知与数字孪生技术、超硬刀具制造及超精密切削技术、机器人技术
高性能特种运载装备基础研究科研团队	特种运载机器人、特种车辆动力传动与控制、特种运载装备系统动力学及其仿真
机器人装备与智能柔性系统科研团队	机器人机构学基础理论、并联加工机器人与多维力测量技术、调姿与可展天线机构创新设计与分析、重型机器人与机电集成技术、航空航天辅助装备研发、仿生与软体机器人
航空航天材料成形工艺及装备智能制造团队	航空航天难变形材料剧烈塑性变形工艺及装备、航空航天新材料精密成形工艺、模具设计及制造、仿真技术、大型航空锻件锻造工艺仿真优化与组织性能控制
新型智能流控元件与装备及液压系统群智能控制与可靠性评估团队	新型智能流控元件与装备及液压系统群智能控制与可靠性评估
材料形性一体化控制技术及装备团队	金属层状复合材料、轧辊表面涂层、轧制工艺设备数字化、冶金装备信息感知与智能控制、复杂型件热处理形性一体化控制、多物理场 CAE 技术
先进金属材料绿色智能化生产理论技术团队	金属材料绿色智造基础理论、金属材料生产智能测控装备技术、先进金属材料生产流程再造及短流程装备技术、金属材料服役全生命周期质量管控
智能机械制造技术与装备团队	超精密加工、检测与自动化智能化装备

(续表)

团队名称	科研方向
先进航空材料与成形智造团队	超大件全流程形性一体化调控、金属凝固成形过程中传热与形变控制、金属基复合材料制备与表征、轴承摩擦学与自润滑复合材料、非圆齿轮特种传动与仿生机器人、金属增材制造工艺-结构-性能数值模拟等
航空高端自润滑运动副材料及产品研发团队	航空基础零部件特种材料制备、试验装备研制及试验评价技术研究、数值模拟仿真与摩擦学机理
并联机器人技术与应用团队	空间指向机构设计、分析与优化，重力和微重力下空间指向机构的非线性动力学特性与精度研究，微/纳机械设计理论，冗余驱动并联机构与具有连续转轴并联机构综合，并联机构驱动优选及多模式并联机构基础理论研究，智能温室控制与监测系统，板带轧制及其自动化控制。团队在航空航天装备、精密微纳机械、板带轧制及其自动化控制及康养医疗辅助器械等
高机能复合板制备及形性一体化控制团队	轧钢装备及工艺设计，现代制造工艺过程计算机模拟，塑性成形过程微观组织演变及机械性能预报，金属塑性加工新工艺及新技术，碳纤维复合材料制备及成形成性研究。团队已在极薄带轧制理论、金属层状复合板制备技术、碳纤维金属复合材料制备技术等方面
智能成形工艺与装备团队	"成形成性"一体化智能控制技术及基础理论研究、成形设备现代设计方法
材料成形及智能控制团队	板管成形智能化、精密成形新工艺、材料设计与成形缺陷控制
智能锻造及特种成形工艺与设备团队	锻造新工艺及其智能制造系统研发、管板材颗粒介质成形工艺及理论研究、重型装备现代化设计理论及智能化研究
并联装备基础理论与机电系统集成团队	并联机构基础理论及其应用研究、特种机器人创新设计与研发、康复及护理机器人创新设计
机电液系统智能故障诊断与预测性维护团队	智能故障诊断与预测性维护
外加能场辅助成形与增材制造团队	外加能场辅助成形与高性能金属零件点式锻压激光成形
机械系统动态仿真与优化设计团队	机械采油系统动态仿真与运行优化技术研究、机械系统动力学仿真、工程机械整机有限元仿真与结构优化技术研究、复合材料数字化设计及渐进破坏过程机理的研究、智能设计方法与智能装备研制

(续表)

团队名称	科研方向
轻体结构设计与成形制造团队	数字化设计技术、成形制造与数值仿真
大数据下的多传感导航机器人研究团队	基于大数据的非结构环境下多传感信息融合导航机器人理论及应用研究、并联机器人机构学理论及应用研究、康复服务机器人关键技术研究、先进智能化装备和工艺核心技术研究、活齿传动系统主动动力学理论及应用研究、容积电液伺服泵控系统高性能控制理论和应用研究
机械表界面科学与智能器件团队	电磁集成驱动系统多场耦合理论及应用研究、自润滑高耐磨微弧氧化复合膜层研究、复合材料多尺度模拟、涂层减摩耐磨与强韧一体化设计
工业生产线关键装备理论、工艺及应用团队	虚拟设计与制造技术、机器视觉与检测技术、机器人机构学理论与应用、连铸技术、自动机械工艺及装备、空间曲面参数化、复杂锻件缺陷机理及控制
亚稳材料科学教育部创新团队	新型亚稳材料
先进钢铁材料创新团队	先进钢铁材料
新型亚稳材料的设计原理、实验合成与结构调控创新群体	新型亚稳材料
冷轧板带装备及工艺创新团队	冷轧板带装备及工艺
新型亚稳材料团队	新型亚稳材料
重型机械流体动力传输及控制团队	重型机械流体动力传输及控制
亚稳材料制备技术与科学国家重点实验室创新团队	新型亚稳材料
康复医疗及并联机器人技术创新团队	康复医疗及并联机器人
工程机器人研发创新团队	特种工程车辆与机器人

二、东北大学秦皇岛分校基本情况及科研团队概述

东北大学始建于1923年，是一所具有爱国主义光荣传统、学科结构完善、学术实力雄厚，在技术创新、转移和产学研合作等方面办学特色鲜明的教育部直属的国家重点大学，是国家首批"211工程"和"985工程"重点建设的高水平大学。2017年9月，经国务院批准，进入一流大学建设行列。在90余年的办学历程中，东北大学始终坚持与国家发展和民族复兴同向同行，为国家和社会培养各类优秀人才，在国民经济建设中作出了重要贡献。

东北大学秦皇岛分校是东北大学的组成部分，是经教育部正式批准成立的全日制普通高等学校，培养包括本科生、硕士研究生、博士研究生等在内的各类高级专门人才。学校自1987年建校以来，通过实施开放发展战略、人才强校战略和教育创新战略，承担"211工程"、"985工程"、国家社科基金重大项目等重点建设项目，主动融入东北大学"双一流"建设，构建多元化的人才培养机制，建立科学的管理体制机制，推动学校内涵式发展，不断提升学校的整体水平，学校的综合实力和社会影响力明显提高。现已成为一所开放式、多学科协调发展的特色鲜明的大学。

学校坐落于美丽的滨海城市秦皇岛，北倚燕山，南临渤海，校园内林木花草郁郁葱葱，楼群建筑风格迥异，环境优美清新，生活设施完善，文化氛围浓厚。目前，学校占地700.68亩，建筑面积348669.12平方米。设有研究生分院和7个学院，34个本科专业，涵盖经济学、文学、理学、工学、管理学等五大学科门类，同时共享东北大学全部博士和硕士学科点资源。现有在校生10520人，硕士研究生655人；教职工828人，其中专任教师555人，专任教师中获得博士学位者占65.05%，教授、副教授227人，国家杰出青年科学基金获得者、"长江学者奖励计划"特聘教授1人，教育部新世纪优秀人才5人，河北省优秀教师、教育工作先进个人7人，宝钢优秀教师奖获得者3人，河北省"三三三人才工程"入选者38人。

学校按照"厚基础、强专业、重实践、求创新"的人才培养思路，不断深化教学改革，搭建学生综合能力提升平台，着力加强本科教育，积极发展研究生教育，建立起了面向国家战略发展需要和适应经济社会发展需求的教育教学体系。学校现有6个实验中心，包括多个专业技术实验室、外语语音室和计算中心机房。还拥有无线校园信息化、多媒体教室等现代化教学资源。现有省级重点学科4个（通信与信息系统、区域经济学、计算机应用技术、材料学），省级品牌特色专业2个，省级本科教育创新高地1个，省级实验教学示范中心3个。学校还与清华大学等30余所院校共同发起成立了"混合教育教学改革共同体"，将传统教学和数字化教学的优势相结合，不断加强信息技术与教育教学的深度融合。

学校不断优化科研环境，提升科研实力。现有国家重点实验室秦皇岛分中心1个（智能感知与光电检测技术研究中心）、"985工程"实验室2个（测向定位实验室、下一代网络技术实验室）、省级工程技术研究中心1个（河北省科普信息化工程技术研究中心）、省级重点实验室1个（河北省电介质与电解质功能材料实验室）、中国北方地区第一家及唯一一家罗克韦尔自动化实训实验室等校企合作实验室11个、市级重点实验室10个。近年来先后承担国家社会科学基金重大项目、国家自然科学基金项目、国家社会科学基金项目等国家级项目百余项。自2014年来，各类科研立项1061项；发表科研论文2734篇，其中，三大检索850篇，SCI论文324篇；授权专利343项，出版著作及各类教材113部。

学校不断提高人才培养质量，社会声誉逐年提升。通过开展各类特色校园文化活动，促进学生素质均衡发展。学生先后荣获"全国优秀共青团员""中国大学生自强之星"等荣誉称号。通过构建科学的科技创新活动体系，提升学生的科技创新能力。学生自2014年来，在国际、国内等各类创新创业竞赛中获国家级及以上奖励1009项、省级奖励2409项。学生志愿者还先后承担了2008年北京奥运会（秦皇岛）、秦皇岛连续五届国际马拉松锦标赛、2017年全国煤炭交易会等国际、国内重要赛会的志愿服务工作。

近年来，学生一次就业率名列河北省前茅，为社会输送了大量具有较高创新创业能力和高度社会责任感的高素质综合型人才。学校也成功入选首批国家语委语言文字应用培训基地、首批"青年马克思主义者培养工程"全国研究培训基地等。

学校始终将服务国家战略需求和区域经济社会发展作为办学使命，抓住京津冀协同发展的国家战略机遇，充分利用办学资源和办学优势为地方经济社会发展和繁荣提供服务。先后成立了中国满学研究院、区域经济研究所等39个研究院所，积极对接地方经济社会发展需求，充分发挥政府决策智库作用。目前，已与北京、天津、江苏、广东、河北等省市100余个地、市、县和一批龙头企业建立战略合作关系，为相关政府部门、事业单位、街道社区提供技术服务，取得了显著的社会效益和经济效益。其中，学校师生采用云计算技术和移动互联网技术建立的云科普信息管理平台整合了河北省的科普网络资源，已打造成覆盖全省的立体型科普工作阵地；基于云计算技术的大数据分析处理平台开发的"智慧党建平台"得到了中组部、河北省委组织部和秦皇岛市委组织部的关注。学校还成功入选全国科普教育基地。

为贯彻落实《教育部办公厅关于进一步落实优化科研管理提升科研绩效若干措施的通知》《中共教育部党组关于抓好赋予科研管理更大自主权有关文件贯彻落实工作的通知》精神，按照"能放尽放、可简尽简"的原则，出台及修订了《科研经费差旅费管理办法》《横向科研业务接待管理办法》《纵向科研经费预算编制与预算调整办法（试行）》《关于完善科研仪器设备采购管理的若干规定（修订）》《关于完善科研物资和服务采购管理的若干规定》《关于家具（用具、装具）验收管理的通知》《科研材料、低值品、易耗品验收管理办法（试行）》等系列文件，进一步优化科研管理，促进科研经费管理改革创新，激发科研人员创新活力，为科技创新创造良好环境。

为贯彻落实《中华人民共和国促进科技成果转化法》，中共中央《关于深化人才发展体制机制改革的意见》，教育部、科技部《关于加强高等学校科技成果转化工作的若干意见》等相关法律法规，学校于 2016 年、2017 年分别出台了《东北大学秦皇岛分校科技成果转化管理办法》《东北大学秦皇岛分校科技成果转化管理办法实施细则》，成立了科技成果转化工作领导小组，设立科技成果转化管理办公室，为科技成果转化工作的开展提供了制度保障。文件规定，学校对成果完成人给予奖励，不低于 70%的科技成果转化收益归主要贡献人员，最高可达 90%。该项政策激发了科研人员进行科技创新和科技成果转化的动力。

为全面提高学校知识产权创造、运用、保护和管理能力，促进学校科技成果有效转化，2019 年学校出台了《专利管理办法》补充规定：学校委托有资质的专利代理机构统一负责学校职务发明专利的撰写、申请等代理业务，并对学校为唯一专利权人的国内发明专利全额资助代理费、官费和前六年的年费，同时提高了国际发明专利的资助额度。今年 2 月份，国家知识产权局下发了《关于提升高等学校专利质量促进转化运用的若干意见》，为进一步提高学校专利质量，强化高价值专利的创造、运用、管理、转化，目前学校正在拟定新的知识产权管理办法。

学校积极推进国际化办学，开展留学生教育。加大引进海外优质教育资源力度，先后与美国伊利诺伊大学芝加哥分校、英国邓迪大学、日本广岛大学、澳大利亚新南威尔士大学等世界知名高校和研究机构开展联合培养、合作科研等形式的实质性国际合作与交流，不断扩大海内外影响力。目前，已与美、英、澳、德、日、韩等多个国家的近 30 所高校、研究机构建立长期的友好合作关系，每年聘请一定数量的外籍教师和海外知名专家学者来校讲学或合作科研。学校积极鼓励教职工出国（境）开展学术交流，为学生提供长短期出国交流项目 60 余项，学校国际化办学水平显著提高。学校积极开展留学生教育，留学生培养已培养涵盖语言生、本科生、硕士生、博士生等各个层次。

面向未来，东北大学秦皇岛分校将全面贯彻东北大学的办学思想，秉承"同一家园、同一梦想、一同奋斗、一同分享"的理念，践行"自强不息，知行合一"的校训精神,坚持以学科建设为龙头,以人才培养为核心,以队伍建设为根本,以科学研究为支撑,以服务经济社会发展为己任,按照"加强内涵、办出特色、提高水平、科学发展"的工作思路,求真务实、开拓创新,推动学校发展实现新的历史跨越,努力建成与东北大学创建世界一流大学相适应的高水平特色校区!

东北大学科研团队简介

团队名称	科研方向
材料成型研究所	材料成型技术
创新创业与风险投资研究所	创新创业与风险投资
大数据可视化分析技术研究中心	1. 可视化分析; 2. 复杂数据系统分析; 3. 数据挖掘与知识发现; 4. 中医复杂系统理论及其应用研究; 5. 基于红外热成像多生理参数融合的疾病诊断和评估方法研究
电磁冶金新技术工作站	1. 基于感应加热的电磁出钢工艺设计及工业化研究; 2. 连铸过程中钢包底部漩涡产生机理及消除的工业化研究; 3. 水口电磁旋流作用下钢液流动、传热行为仿真及工业化研究; 4. 软接触电磁连铸技术及工业化研究
电子信息技术研究所	电子工程、嵌入式系统、单片机技术、模式识别、图像处理
科学教育研究中心	科普理论研究、科普人才培训、科普动漫创作
动画产业研究所	1. 动画产业的国别研究; 2. 动画产品国际贸易问题研究; 3. 技术进步对动画产业的影响; 4. 动画产业经营模式研究
多维信号分析研究中心	复杂混合溶液检测、机器视觉、光学相干分析成像
翻译研究所	国内杂志的翻译与研究、中外文多语互译语料库建设
复杂系统建模与优化研究所	电子商务建模与优化、物流运作管理、商业与服务系统运作优化与决策
工程优化设计与智能天线研究所	自适应信号处理、认知雷达、智能电网、无线传感器网络、未来移动通信技术、制导与智能控制、认知无线电、图像处理等
光电工程技术研究所	工程建筑结构质量监测

（续表）

团队名称	科研方向
宏观管理研究所	教学管理研究、宏观政策分析、政策效果仿真实验研究
环境污染控制与资源化技术研究所	污染控制化学、环境生物技术、环境灾害预防与生态环境修复等
机械动力学与可靠性研究中心	机械动力学与可靠性等方面的研究
计算机应用研究所	下一代互联网体系结构、无线传感器网协议及应用、信息安全
教育信息技术研究所	计算机图形图像、教育信息资源的网络开发
经济地理与区域发展研究所	经济地理、区域规划和宏观管理与政策
控制工程研究所	智能控制
历史与公共政策研究所	1. 中国古代行政制度研究； 2. 历史与当代公共政策分析； 3. 文书与行政运行研究； 4. 中外政治思想史； 5. 地域文化研究
流媒体网络技术研究所	流媒体网络方面
区域经济研究所	地方特色经济、区域规划与可持续发展
人机交互与机器网络控制研究所	机器人网络控制
特种材料加工技术研究中心	新型难加工材料加工理论与技术、刀具技术等方面的研究
网络新技术与应用研究所	融合网络关键技术、网络路由与传输协议、移动社交网络、认知网络、时空数据库、人工智能
尾矿综合利用技术研发中心	尾矿综合利用研究
物联网与信息安全研究所	无线传感器网络、网络安全协议、入侵检测技术、信任管理
先进能源化学与材料应用技术研究所	新型锂离子电池正极材料、新型锂离子电池负极材料、超级电容器电极材料、固态电解质和能源材料理论计算与器件模拟

（续表）

团队名称	科研方向
新材料研究所	功能材料、腐蚀电化学
信息管理技术与应用研究所	管理信息系统、计算机网络技术与应用、信息系统及网络安全、企业信息化、数据库安全、云计算
冶金工程研究所	冶金新工艺与冶金产品制造
应用地质研究所	1. 资源勘查与评价； 2. 环境污染评价
应用数学研究所	应用数学
哲学与社会科学发展研究所	社会发展研究
智慧社区研究所	1. 智慧社区建设与运行模式研究； 2. 智慧党建研究； 3. 电子政务绩效评估研究
智能测控研究所	1. 铝箔轧机控制； 2. 机器视觉应用； 3. 嵌入式无线数据采集及测控； 4. 水下机器人研究
资源绿色化综合利用工程中心	对低品位、共伴生、难选冶矿产资源以及尾矿和固体废弃物的绿色化综合利用新技术和新理论方面的研究
东北与京津冀协同发展研究中心	协同战略、旅游管理、生态经济、历史文化
中国满学研究院	以满族为主的历史、文化、民俗、语言、艺术、宗教、政治、经济等方面的科学研究、田野调查和文物搜集等工作
中国长城研究院	中国长城研究院致力于研究长城、保护长城及传承长城的所有相关领域的科学研究
秦皇岛市电子信息与能源材料重点实验室	铁电压电材料与器件、电池材料与器件、发光材料与应用
秦皇岛市多维信号分析重点实验室	信号分析处理、复杂光谱信号处理、机器视觉识别处理、生物医学OCT、表面等离子体共振技术应用和光纤传感与光电检测应用
秦皇岛市工程陶瓷精密加工与刀具技术重点实验室	工程陶瓷精密与超精密磨削技术、可加工陶瓷切削理论与技术

(续表)

团队名称	科研方向
秦皇岛市互动媒体与科普展示工程技术研究中心	新媒体技术探寻科普产业化
秦皇岛市节水治污与生态修复重点实验室	饮用水深度处理、景观水体生态修复、尾矿场地地下水生态修复、地表水水质监测与健康风险评估
秦皇岛市区域规划与政策模拟重点实验室	城市区域空间格局演化与结构形态、京津冀经济共同体的协同发展机制、环境外部性溢出问题的区域合作治理、财政转移支付制度设计与政策模拟、京津冀协同发展政策模拟系统开发
秦皇岛市智能健康监护重点实验室	老服务公共伦理理论、无负担无压力的健康监护理论与方法、基于多特征量建模分析的协同监护理论与方法、面向智能健康监护的物联网与云计算关键技术、面向智能健康监护的新型可穿戴设备以及老年失能智能判别关键技术
秦皇岛市资源清洁转化与高效利用重点实验室	金属复杂矿、工业固体废弃物等资源的综合利用
秦皇岛市电磁冶金新技术重点实验室	1. 基于感应加热的电磁出钢工艺设计及工业化研究； 2. 连铸过程中钢包底部漩涡产生机理及消除的工业化研究； 3. 水口电磁旋流作用下钢液流动、传热行为仿真及工业化研究； 4. 软接触电磁连铸技术及工业化研究
秦皇岛市先进金属材料及成型技术重点实验室	先进金属材料及成型技术
秦皇岛市纳米材料与光电催化重点实验室	能源转化过程中光电催化剂的设计与制备
河北省微纳精密光学传感与检测技术重点实验室	1. 微纳制造与精密光学检测技术； 2. 特殊极端环境复杂难测参数光纤传感理论与技术； 3. 生物医学信息感知与智能仪器； 4. 海洋参数立体化信息感知与检测系统
河北省电介质与电解质功能材料重点实验室	铁电压电材料与器件、电池材料与器件、发光材料与应用
河北省科普信息化工程技术研究中心	1. 基于科普主题的互联网信息抓取技术研究； 2. 科普资源个性化推荐技术研究； 3. 科普作品三维数据可视化处理技术研究

三、河北科技师范学院基本情况及科研团队概述

河北科技师范学院是一所具有硕士学位授予权的省属普通高等学校，坐落于滨海旅游城市——秦皇岛市。学校始建于1941年，1975年开始举办高等教育，1977年开始招收本科生，2006年获得硕士学位授予权。学校是教育部首批全国重点建设职教师资培养培训基地、科技部国家级科技特派员创业培训基地、农业部现代农业技术培训基地、中国科协首批全国科普教育基地，是河北省首批转型发展试点院校、河北省创新创业教育示范高校。

学校现有秦皇岛、昌黎、开发区3个校区，占地面积95万平方米（1424亩），建筑面积41.5万平方米，教学科研仪器设备总值2.43亿元，馆藏图书文献180.9万册、电子图书255.3万册，中外文纸质期刊864种，各种类型数据库（含子库）60个。有国家认证的电子生物标本馆1个，附属职业中学1所。

学校设有研究生部、动物科技学院、农学与生物科技学院、园艺科技学院、海洋资源与环境学院、城市建设学院、化学工程学院、机电工程学院、食品科技学院、工商管理学院、数学与信息科技学院、财经学院、外国语学院、文法学院、教育学院、艺术学院、物理系、体育与健康学院、思想政治理论教学部、继续教育学院等20个二级教学单位，现有全日制本专科生约2.1万余人、各类硕士研究生760人。现有在职教职工1548人，专任教师1013人，具有硕士以上学位的专任教师919人，其中具有博士学位的教师220人；具有高级专业技术职务的教师496人，其中教授160人；有"双师双能型"教师527人。拥有国务院政府特殊津贴专家、省管优秀专家、省政府特殊津贴专家、省有突出贡献中青年专家、河北省模范教师等省级以上各类人才90余人，教育部及河北省教学指导委员会成员31人。

学校设有74个本科专业，涵盖农、教育、工、理、文、法、经济、管理、艺术等九大学科门类。现有7个省级重点学科和重点发展学科，拥有生物学、园艺学、化学、食品科学与工程、畜牧学、教育学等6个学术学

位硕士授权一级学科，17个二级学科的学术学位硕士授权点；具有农业硕士、教育硕士、兽医硕士、机械硕士、体育硕士等5种专业学位14个授权领域。建有1个国家级专业综合改革试点专业，11个省级一流本科专业，3个省级本科教育创新高地、6个省级品牌特色专业；有1门国家级精品课程，8门省级精品课程，4门省级精品在线开放课程，先后获2项国家级教学成果奖、43项省级教学成果奖，其中一等奖7项。获批教育部首批卓越农林人才教育培养计划改革试点。

学校建有3个省级重点实验室和5个省级技术创新中心、3个省级产业技术研究院、6个省级实验教学示范中心、1个省级工程研究中心、2个国家农产品加工技术研发分中心、15个市级重点实验室和工程技术研究中心；建有国家科技基础条件平台——家养动物种质资源平台；设有省级产业技术创新战略联盟、省高校应用技术研发中心、河北省职业教育研究基地、河北省非物质文化遗产研究基地、冀东文化研究中心和秦皇岛市农业科学研究院、秦皇岛市经济社会发展研究中心、秦皇岛瀚海国际化语言风景研究中心、秦皇岛市地方立法研究咨询基地等。

近五年承担完成各级各类科研项目769项，其中国家级、省部级项目285项；论文被SCI、EI收录407篇，出版学术著作100余部；获外来科研经费总计8415.28万元；获省部级科技奖励38项，其中一等奖4项；鉴定、审定新品种12个，获得授权专利136项，其中发明专利81项，实用新型专利17项，获得软件著作权58项，制定省市、地方标准和企业标准28项。

学校坚持政产学研深度融合，建立产学研示范基地22个。有3支科技服务团队被授予"河北省高校李保国式科技服务团队"、1人被授予"河北省李保国式科教扶贫突出贡献者"称号。

学校先后与20多个国外高校及科研单位建立了科技教育合作关系，与意大利佩鲁贾外国人大学合作建有意大利语语言培训与测试中心。多次获得"河北省教育文化国际交流与合作先进集体""河北省引进国外智力工作先进单位"等称号。设立中美、中芬121交换生双学位项目等，为学校师生提供更多的国外学习交流、实习实训、科研及工作机会。

近五年，学生在全国大学生"挑战杯"赛、人文素质竞赛、创新创业大赛和各类学科竞赛中获得省级以上奖项1064项，其中国家级505项；毕业生就业率稳定在90%以上，平均考研（含公务员、选调生）录取率16%以上。毕业生中涌现出一大批优秀人才，包括全国劳动模范、全国五一劳动奖章获得者、国家科技进步奖获得者、全国优秀教育工作者、全国百名优秀县委书记、省长特别奖获得者、省突出贡献奖获得者等。

河北科技师范学院部分科研团队简介

团队名称	科研方向
作物生理生态研究团队	1. 作物产量品质形成与光温水土肥资源利用的互作机制； 2. 主要农作物优质与光温水肥高效利用的栽培学机制与途径； 3. 作物周年"提质增效"生产模式筛选及增产增效机制探讨
河北省现代农业产业技术体系肉牛科研创新团队疫病防控岗位	肉牛疫病防控
河北科技师范学院中草药防治畜禽水产养殖动物疾病科研创新团队	中草药防治畜禽水产养殖动物疾病
河北省现代农业产业技术体系蛋鸡肉鸡产业创新团队	蛋鸡疫病防控
河北省现代农业产业技术体系水果产业创新团队桃岗位	1. 桃种质资源与新品种选育； 2. 桃栽培技术研究及示范基地建设
河北省现代农业产业技术体系蔬菜创新团队特色蔬菜（黄瓜）产业岗	黄瓜产业
遗传资源的开发与利用	1. 地方特色畜禽资源挖掘与创新； 2. 遗传资源特色性状遗传
河北省现代农业产业技术体系猪病防控岗位专家团队	规模猪场疾病诊断、防治与净化
河北省现代农业产业技术体系创新团队（杂粮杂豆）	谷子育种、栽培

（续表）

团队名称	科研方向
预防兽医学	1. 动物疫病病原检验与生物学特性研究； 2. 动物疫病监控技术研究； 3. 鱼类传染病害研究
天然产物活性成分与功能	1. 燕山植物中天然产物及其活性研究； 2. 海洋生物中天然产物及其活性研究； 3. 天然化合物的结构修饰与功能研究
特色动物种质资源挖掘与创新	1. 地方特色畜禽种质资源挖掘与创新； 2. 特种经济动物特色性状遗传机理解析； 3. 地方特色畜禽及特种经济动物营养调控
果品加工	1. 果品质量安全研究； 2. 果汁与果酒加工技术研究； 3. 果品贮藏工程技术研究
光伏组件制造装备	1. 光伏组件自动化生产线技术； 2. 光伏电池焊接及机器视觉技术； 3. 光伏电池组件真空热压封装技术； 4. 自动线用精密零部件及组装技术
板栗	1. 板栗种质资源与新品种选育； 2. 板栗高产高效栽培原理与技术； 3. 板栗保质降耗贮藏与加工转化； 4. 板栗废弃物综合利用与高效生产模式
燕山农业特色产业	1. 板栗产业； 2. 山楂产业； 3. 葡萄与葡萄酒； 4. 蔬菜产业； 5. 肉蛋鸡产业
李保国式高校科技服务团队	畜禽疾病防控
李保国式高校科技服务团队	果蔬加工技术研究及产业化开发
李保国式高校科技服务团队	果树资源与遗传育种；果树栽培技术与示范

四、河北环境工程学院基本情况及科研团队概述

河北环境工程学院坐落在气候宜人、环境优美的避暑胜地河北省秦皇岛市北戴河区，拥有得天独厚的区位优势。秦皇岛是河北省省辖市，中国首批沿海开放城市之一，北方重要的对外贸易口岸，位于华北地区、冀东北部，南临渤海、北依燕山、东接葫芦岛、西接唐山、北接承德，处于环渤海经济圈中心地带，是东北与华北两大经济区的结合部，拥有世界第一大能源输出港——秦皇岛港。秦皇岛曾获中国最美海滨城市、全国十佳生态文明城市、中国北方最宜居城市、中国最佳休闲城市、中国最具爱心城市、中国最具幸福感城市等荣誉。秦皇岛曾协办北京亚运会和北京奥运会，是中国唯一协办过奥运会和亚运会的地级市。2017 年获全国文明城市称号，2018 年获得国家森林城市称号。

河北环境工程学院前身中国环境管理干部学院被社会誉为环保系统的"黄埔军校"、环保人才的"绿色摇篮"。学校是 1981 年经国家城乡建设环境保护部批准、教育部备案的一所以培养环境保护专业人才为主的高等学校，是我国最早开展生态环境教育的高校之一。2016 年 3 月，学校经教育部批准正式升格为全日制普通应用型、技术技能型本科院校，是目前全国唯一一所以生态环境教育为办学特色的本科高校，是河北省人民政府和生态环境部共建高校，是中美应用技术教育"双百计划"首批试点高校，是中美产教融合+高水平应用型高校建设第三批建设高校。全国人大环境与资源保护委员会原主任委员曲格平教授和中国气候变化事务特别代表、国家发展和改革委员会原副主任解振华先生曾先后兼任院长。建校 39 年来，学校在中国生态环境保护事业发展的各个历史阶段都发挥了重要作用，办学历史见证了我国生态环境保护事业的发展历程。

学校现有全日制在校生 10323 人。设有环境科学系、环境工程系、生态学系、环境艺术系、经济与管理系、信息工程系、人文社科系、体育系、马列主义理论教学部、基础部、继续教育部等 11 个教学单位；设有环境教

育研究所、环境监察与应急管理研究中心、循环经济研究所、生态保护研究所、环境法咨询与服务中心等 11 个研究所。学校构建了"环境科学与工程类""环境保护支撑类""环境人文艺术教育类"三大专业群，形成了"环境类专业齐全强势、非环境类专业特色优势"的专业建设格局。设有环境科学、环境工程、环境生态工程等 21 个本科专业，38 个专科专业，其中环境类本专科专业近 20 个，涵盖了环境保护工作的各个领域和环境保护工作的全过程。"环境管理专业""环境监察专业""生态保护专业"是学校的首创专业，具有深厚的办学底蕴和广泛的影响。先后建成了 2 门国家级精品资源共享课程、2 门国家级精品课、1 门省级精品资源共享课程、4 门省级精品在线开放课程、10 门省级精品课、3 个省级示范专业、2 个省级优秀教学团队和 2 个中央财政支持的实习实训基地。

学校现有教职工 547 人，其中：专任教师 469 人，专任教师中具有高级职称教师 181 人，具有博士学位教师 60 人，具有硕士及以上学位教师占专任教师总数的 90%。教师中有河北省教学名师 1 名，河北省青年拔尖人才 1 人，入选河北省"三三三"人才第二层次 1 人、第三层次 9 人，国家、省、市级优秀教师和优秀教育工作者 40 多名，秦皇岛市首批市管优秀专家 2 名，秦皇岛市级专业技术拔尖人才 2 名，11 名专家、教授被西北农林科技大学、哈尔滨体育学院、河北大学、燕山大学、石家庄铁道大学、河北农业大学等知名大学聘为硕士研究生导师。

学校总占地 666 亩，总规划校舍建筑面积 21.5 万平方米，已建成投入使用 15.6 万平方米。现有教学仪器设备总值近 1 亿元。全校印本图书 83.2 万册、电子图书 184 万册、有使用版权的数据库资源 26 个。拥有数量充足、设备完善、环境仿真的校内外实习实训室（基地），其中"环境监测与治理技术实训基地""环境艺术设计实训基地"为中央财政支持的国家实习实训基地，"电子废水处理技术实验室"是与富士康科技集团合作建立的实验室，特别是在学校建设的中国与荷兰政府合作项目、由荷兰政府资助的水处理技术实验室——中荷水处理示范研究培训中心已成为中外合作典范。

建校39年来，学校在河北省委省政府和生态环境部的正确领导下，始终不渝为生态环境保护事业和地方经济发展服务，形成了鲜明的生态环境教育特色，在环保系统岗位培训、环境专业成人教育、普通高等教育中取得了优异的成绩。学校是生态环境部确定的全国5个环保培训基地之一，有近6000多名地（市）、县级环保局长在学校接受了岗位培训，3万余名环保在职干部在学校接受了继续教育；累计为社会培养各类大专学历毕业生3万余人，全日制毕业生就业率一直在90%以上，毕业生以"高度的敬业精神、过硬的业务技术、较强的责任意识和良好的团队协作精神"受到用人单位的广泛认可和媒体高度关注。

学校建立起了"以科学研究与成果转化为主体"的科技服务体系。学校编写了我国第一部环保大型工具书《环境保护通论》，出版了我国第一套环境管理专业系列教材和第一套环保局长岗位系列教材。现有校级科研团队12个。2010年以来，教师主持厅（局）级以上科研项目600余项，其中国家、省（部）级130余项，教学改革研究项目100余项；获得厅（局）级以上科研和教学成果奖100余项，其中省（部）级以上13项；发表学术论文1400余篇，其中核心期刊及以上论文近570余篇，被三大检索收录论文290余篇；获得专利190余项；完成咨询报告70余项；出版学术著作、教材100多部，其中90%以上为环境类教材。十一五以来，有11种教材被列入国家规划教材，《环境经济学》被评为"2008年度普通高等教育精品教材"。

学校以环保行业和地方需求为出发点，推动校地合作、校企合作、校校合作，促进行业区域发展和创新体系建设。与河北、新疆、沈阳、秦皇岛等50多个生态环境厅局建立了战略合作关系，完成了生态环境保护部门、地方政府大量的课题研究，在秦皇岛市、盘锦市等10个城市的环境规划方面发挥了"思想库"和"智囊团"的作用，得到当地政府部门的充分认可；与秦皇岛市人大常委会、秦皇岛市人民检察院、衡水市人大常委会、山海关区人民政府共建校地合作基地4个；作为中国生态产教联盟理事长单位，学校先后与阿里巴巴菜鸟网络、北控水务集团、中持（北京）环保发展有限公司、河北先河环保有限公司等共建校企合作实验室 18 个，主动为企业提供环保技术与管理咨询上千次；与清华大学、哈尔滨工业大学、燕山大学等共建校校合作实验室 3 个；与北控水务集团联合成立全国首家北控水务学院，与河北企美公司联合成立全国首家有机产业学院，与生态环境部宣传教育司共建全国首家环境传播学院。作为秦皇岛市首家就业创业培训基地，学校通过开设 SYB 创业培训班，帮助近千名城乡居民实现就业，受到社会各界广泛赞誉。

学校作为河北省首个生活垃圾分类与资源化利用科普教育基地，始终坚持"人才培养与环境教育并重，科学知识与环境素质"兼修的理念，依托环境教育品牌优势，实施大学生绿色人文素质教育工程，逐步形成了与环境教育专业相融合的绿色校园文化。学校一批有影响力的生态环境保护专家和生态环境教育专家，他们为学校的建设与发展发挥了重要作用。曲格平、刘天奇、张坤民、解振华等老一辈领导和专家的言传身教，至今深深激励着新一代学校人为生态环境保护事业献身的信心和决心。

"自然之家""绿色青年同盟"等 30 多个绿色社团蓬勃发展，从维护校园环境、保护海滩到服务企业、参与城市生态建设，从校内外到省内外遍布学生们的绿色足迹，具有广泛的社会影响力。

2019 年由省科技厅、省科协授牌首个"河北省生活垃圾分类处理与资源化利用科普教育基地"，并在全国高校中率先开设"垃圾分类与资源化利用课程"作为全校学生的必选课程。垃圾分类的有效实施得到了省委领导的批示肯定。

学校积极开展国际间的学术交流与合作，先后与美国、荷兰、日本等国家的大学或环保机构建立了友好关系，互派访问学者，进行学术交流和研究。近年来，学校成功举办了环境教育与可持续发展论坛大会、中欧环境管理创新与可持续发展大会、中欧城市废物管理能力建设网络项目，接待了地球理事会联合会代表团的访问。1999 年开始与荷兰万豪学校建立了联合办学关系，有一大批学生赴万豪学院留学并取得本科或研究生学历；

2009年学校与美国蒙东那大学签署了工商学士学位及本硕连读合作办学备忘录；2012年学校与美国西雅图城市大学签署了3+1合作办学模式友好合作备忘录。同时，学校先后与国内十几所高校开展了形式多样的合作办学，与清华大学、同济大学、哈尔滨工业大学、西北农林科技大学等国内知名高校建立了战略合作关系。

学校将以习近平生态文明思想为指导，秉承"团结、严谨、求实、创新"的校训，发扬"笃学、致用、绿色、和谐"的校风，恪守"严谨求实、止于至善"的教风和"勤奋诚信、志存高远"的学风，坚持"实现人与社会相适应、人与自然相和谐的教育"的办学理念，以建设特色鲜明的高水平应用型大学为目标，全力提升办学内涵，使学校真正成为生态文明建设的探索先行者、榜样引领者和辐射带动者，为生态文明建设和绿色发展培养更多优秀人才，为"美丽中国"建设发挥重要作用。

河北环境工程学院部分科研团队简介

团队名称	科研方向
数据库技术研究	数据库
环境纳米材料及应用	环境材料
高污染行业大气污染控制技术	大气污染
生态修复研究	生态修复
景观规划与设计	景观设计
艺术文化与区域产业协同发展	艺术文化
社会体育学	体育
产业结构调整与转变经济增长方式	产业经济学
生态环境规划与区域可持续发展	可持续发展
节能与减排科研团队	节能减排
环境法学科研团队	环境法

五、河北建材职业技术学院基本情况及科研团队概述

河北建材职业技术学院是经河北省人民政府批准、教育部备案的高等

职业技术院校，被国家劳动和社会保障部评为"创新能力培训实验学校"，被中国教育科学研究院和全国高职高专协作会评为"中国十大特色高职院校"，是教育部全国建材教指委副主任单位、河北省建材职业教育集团牵头单位，是河北省建材工业协会副会长单位、河北省硅酸盐学会副理事长单位、河北省服务外包培训基地、教育部支援西部教育顾问院校。2007年，教育部高职高专院校人才培养工作水平评估优秀。2009年，被河北省人事厅授予"就业工作先进单位"。2010年，被秦皇岛市委、市政府命名为"文明单位标兵"。2011年，被河北省教育厅授予"依法治校示范校"。2013—2014年，被河北省委、省政府授予文明单位。2016年，学院大学生创业园被河北省教育厅授予"河北省大学生创业孵化示范园"荣誉称号。2018年，荣获"国家技能人才培育突出贡献单位"和"职业教育突出贡献院校"称号。

学院的前身是1978年建立的国家建材总局秦皇岛玻璃工业技工学校，1985年增建国家建材局管理干部学院秦皇岛分院，1998年划转河北后与河北省建筑材料工业学校合并成立河北建材职工大学，2001年改建为河北建材职业技术学院，同年年底划归河北省教育厅管理。办学层次以普通高等职业教育为主，以职业培训为新增长点，以联办远程网络教育为延伸。

学院地处全国首批14个沿海开放城市之一的秦皇岛市，位于西部高校园区。南濒渤海、北依开发区、西邻奥体中心、东接世界第一能源大港——秦皇岛港，自然与人文环境俱佳，是理想的办学之地。

截至目前，学院占地247亩，总建筑面积17万多平方米，资产总值1.5亿元；馆藏各类图书80万余册；有国家财政支持的建筑装饰材料检测实训基地，校内实训中心8个，实训室85个，耀华、冀东、深南玻、长城汽车、京东、上海威尔士等校外实训基地99个。学院设有通用工种国家职业技能鉴定所、建材行业特有工种职业技能鉴定站、电子商务职业资格鉴定站、调酒师技能鉴定站、高等教育自学考试考点、全国计算机等级考试考点、全国公共英语考试考点、全国统计专业职务秦皇岛考区、河北省创新能力定级考试考点、河北省会计从业资格考试秦皇岛考区等。学院还与韩国全州大学、群山大学、济州岛观光大学，马来西亚世纪大学，白俄罗斯国立经济大学等高校合作开办"专本连读""专本硕连读"国际合作班，与非洲赞比亚 CHRESO 大学达成合作办学意向。

学院现有教职工 493 人，其中正高级职称 36 人，副高级职称 164 人；具有硕士以上学位共 278 人，其中具有博士学位 9 人。近三年累计发表学术论文近 370 篇、著作教材 95 部，承担省级以上纵向科研项目 57 项，承办了全国建筑材料学科研究会理事会议暨第二届研究生论坛、高职高专院校课程改革与国家级精品课案例解析研讨会、首届河北省建材行业"冀东发展杯"职业技能大赛等。

学院设有材料工程系、建筑工程系、机电工程系、信息工程系、财经管理系、现代服务管理系、艺术设计系、体育教学部、基础部、思想政治理论课教学部、继续教育中心、现代玻璃学院等教学机构。开设材料工程技术、建筑工程技术、机电一体化技术、云计算、会计、旅游管理、建筑装饰艺术、体育服务与管理等 55 个专业，面向全国 28 个省、直辖市、自治区招生，现有全日制在校生 11000 多人。

学院坚持以育人为根本，以教学为中心，以服务为宗旨，以就业为导向，走产学研结合的发展道路。立足河北，面向全国，立足建材，服务社会，培养具有敬业精神和创新精神的高素质技能型专门人才。近三年，学生在全国职业院校技能大赛、全国及河北省"挑战杯"大学生创业计划大赛、电子专业人才设计与技能大赛、大学生运动会、"冀东发展杯"职业技能大赛、"鲁班杯"造价技能竞赛、"用友杯"ERP 应用技能大赛、"博飞杯"测量大赛、单片机程序设计大赛、"世纪之星"英语演讲大赛、导游大赛、大学生艺术展、辩论赛、校园歌手大赛、书画摄影比赛、中欧领导人峰会服务等活动中名列前茅。

学院突出建材特色，围绕市场设置专业，积极探索和实践"建材本色、建材集团、建材品牌"办学模式，形成工学结合"4+X+1"人才培养模式和"任务驱动、项目导向"的教学模式，使人才培养工作在内涵上、质量上都有了进一步的提高，获国家教学成果奖 1 项，省级教学成果奖 6 项，有 3 个省级示范专业，2 个省级骨干专业，7 门省级精品课，3 门行业精品课。学院建有面向全国的就业信息网络，广开就业渠道，就业率稳居全省同类高校前列。40 多年来，为全国各行各业培养输送了 6 万多名各类人才，高质量的毕业生赢得了社会和用人单位的广泛好评。

学院秉承"以规模效益固基，以改革创新图强，以质量特色争优"的办学理念，以"团结、勤奋、求实、创新"为校风，以"爱岗敬业、严谨治学、从严执教、教书育人"为教风，以"刻苦学习、尊师守纪、勤勉博取、文明向上"为学风，努力创建特色鲜明的高等职业技术院校。

河北建材职业技术学院部分科研团队简介

团队名称	科研方向
沥青混凝土路面就地热再生热效率提升技术研究与应用	道路材料
玻璃智能数控喷雕技术研发与应用	玻璃及玻璃制品制造
基于 WebVR 与 WebIS 深度融合的旅游资源数字化技术研究与应用	虚拟技术
装配式建筑多功能一体化墙板关键技术应用研究	装配式住宅
流化床气相沉积法表面改性粉煤灰及其应用技术研究	新型建材
秦皇岛市 NSⅡ安全玻璃工程研究技术中心	玻璃及玻璃制品制造
秦皇岛市新型硅质复合石材工程技术研究中心	新型硅质复合材料
河北省先进复合石材技术创新中心	新型建材

六、东北石油大学秦皇岛校区基本情况及科研团队概述

东北石油大学秦皇岛校区坐落于闻名遐迩的美丽滨海城市——河北省秦皇岛市。校区创建于 1985 年，是东北石油大学的重要组成部分。校区设有 23 个高职专业，现有全日制在校生 5716 人；设有 7 个教学系部和 13 个职能及教辅部门。现有教职工 291 人，专任教师 229 人，其中：正高级专业技术职务 49 人，副高级专业技术职务 68 人，具有博士学位 45 人，博士生导师 16 人，硕士生导师 63 人。

校区秉承"艰苦创业,严谨治学"校训,发扬"严谨、朴实、勤奋、创新"校风,坚持"质量立校、人才强校、改革创新、特色创优"的办学理念,遵循"多层次办学,协调发展"的指导思想,致力于开创办好高职教育、逐步发展本科教育、积极开展研究生教育、切实创建高端科研平台、大力推进国际教育及继续教育"五位一体"协调发展的办学新格局,使校区成为东北石油大学建设发展的重要窗口和增长支撑。发扬大庆精神和东油精神,在国家、省、市各级政府的大力支持和帮助下,充分利用办学地域优势和人才高地资源,实现面向京津冀地区开放办学,推进市校深度融合发展,加快校区建设,努力实现办学转型。加强教育质量内涵式发展,由参照普通教育办学模式向企业社会参与、专业特色鲜明的类型教育转变,大幅提升新时代职业教育现代化水平,为促进地方经济社会发展和提高国家竞争力提供优质人才资源支撑。

东北石油大学秦皇岛校区部分科研团队简介

团队名称	科研方向
复杂油气藏目标勘探研究创新团队	石油地震勘探
油气及地质大数据数值分析与研究	油气大数据数值模拟分析
断层变形、封闭性及与流体运移科技创新团队	1.断裂变形过程及对成藏条件控制; 2.断裂变形机制、微构造类型及对储层含油气性影响; 3.断裂带内部结构及油气沿断裂优势运移通道
油气测试计量技术及仪器研究团队	油田生产参数测试技术
复杂系统与先进控制研究团队	随机滤波与控制理论
油气测试计量技术及仪器研究团队	虚拟测试技术及仪器
先进复合材料基础研究及工程应用创新团队	复合材料及结构的力学性能
智慧交通控制管理系统研究	智能交通控制信号机、车流量检测传感器、信号灯、控制中心综合管理平台和区域协调控制算法等方面的研究
新能源纳米材料研究团队	纳米材料、有机功能材料、新能源材料

（续表）

团队名称	科研方向
大数据与智能分析研究	大数据处理与分析
区域经济发展战略与规划科研团队	1.营商环境评估与优化； 2.能源经济发展战略与规划； 3.生态旅游与康养产业发展及规划
英语教学与翻译团队	大学英语教学与实践、传统文化翻译与国际传播、科技英语翻译
物联网性能优化研究团队	基于认知无线电的物联网性能优化研究

七、秦皇岛职业技术学院基本情况及科研团队概述

秦皇岛职业技术学院是2001年4月30日经河北省人民政府批准、教育部备案的全日制公办高校。学院自成立以来，多次被评为省市级"职业教育先进单位"。2005年被教育部、人事部、劳动和社会保障部等七部委联合授予"全国职业教育先进单位"；2007年在教育部人才培养工作水平评估中取得"优秀"成绩；2008年被评为"河北省示范性高等职业院校"；2010年被财政部和教育部联合确定为"国家示范性高等职业院校建设计划"骨干高职院校立项建设单位，成为全国百所骨干高职院校之一，并于2015年以"优秀"等级通过验收；2011年顺利通过了教育部第二轮人才培养工作评估；2011年、2014年连续两次荣获"全国文明单位"称号。在中国科学评价研究中心、武汉大学中国教育质量评价中心、中国科教评价网联合发布的2016年中国1335所专科（高职高专）院校竞争力排行榜中位居河北省第2、全国第60。

学院坐落于秦皇岛市北戴河区，现有教职工648人，其中：高级职称教师210人，硕士学位教师400人，博士16人（其中在读博士9人）。学院有享受国务院特殊岗位津贴的专家1人，河北省有突出贡献的中青年专家1人，河北省首届高校中青年骨干教师1人，河北省"三三三人才"工程第二层次人

选1人、第三层次人选2人，河北省教学名师2人，市级专业技术拔尖人才2人，秦皇岛首批职业教育专业带头人、职业教育骨干教师10人，省级教学团队1个，34人当选秦皇岛新型智库专家，50余人担任专业学会或协会的正副会长、秘书长等，现有兼职教师580人，初步形成了专兼结合的"双师"型师资团队。学院设有信息工程系、经济系、机电工程系、旅游系、管理工程系、外语系、艺术系、商贸系、基础部、思政部、体育部及培训中心等"八系三部一中心"。

秦皇岛职业技术学院部分科研团队简介

团队名称	科研方向
税法知识科技服务团队	税法
营销策划与咨询科技服务团队	市场营销
机械设计与制造科技服务团队	机械设计
旅行社服务与管理咨询科技服务团队	旅游管理
港口物流科技服务团队	港口物流
信软科技服务团队	软件开发

八、河北对外经贸职业学院基本情况概述

河北对外经贸职业学院是一所"以外语为基础，以经贸为重点，教育、旅游、传媒协同发展"具有国际化特色的省内优质语言类高职院校。

学院师资力量雄厚，其中副高级职称以上教师占40%，博士、硕士占多半数以上，近三分之一的教师有海外学历和至少三个月海外学习和工作经历，双师型教师占80%。目前有教育部高等职业院校外语类专业教学指导委员会副主任委员1名，全国外经贸行指委委员2名，中国高等教育学会数字化课程资源研究分会副理事1名，中国高校功能语法教学研究会常务理事1名，中国高等教育文献保障系统（CALIS）高职高专专家委员会副主任委员1名。

学院着眼产教融合，深化校企合作，多举措推进现代学徒制。大力实

施"1+1+N"工程,推动"政校行企"协同,多元育人机制不断完善。学院现有校内实训基地 52 个、9100 平方米,学生创新创业基地 20 个,其中经贸类虚拟仿真实训中心实训条件达到国内一流。学院建有省级高水平实训基地 1 个,省级虚拟仿真实训中心 1 个,省级应用技术协同创新中心 1 个,省级技能大师工作室 1 个,市级职业教育专业技能名师工作室 1 个。

九、河北农业大学海洋学院基本情况概述

河北农业大学海洋学院(秦皇岛校区)位于秦皇岛市海港区,南临大海,环境优美,校园占地71280平方米,是一所以海洋科学、水产养殖学为主,机电工程、信息工程、海洋环境、旅游管理等多学科协调发展的学院。

学院前身可以追溯到1910年成立的直隶水产讲习所,是我国最早的高等水产学校。1914年改为直隶省立甲种水产学校。1929年改为河北省立水产专科学校,仍为本科。1958年组建天津水产学院。1965年更名为河北水产学校,校址由天津迁往河北省秦皇岛。1998年与河北农业大学联合办学,2000年实质性并入河北农业大学并成立河北农业大学水产学院。2006年根据河北海洋经济发展的需要,经省教育厅批准,学院更名为河北农业大学海洋学院。

学院设有海洋科学、水产科学、机电工程、环境科学与工程、信息工程、管理学、基础课部、体育工作办公室等六系二部(办);拥有水产养殖学、水生生物学、农业推广(渔业领域)三个硕士授予权专业。现有海洋科学、海洋技术、水产养殖学、海洋渔业科学与技术、能源与动力学工程、旅游管理、食品科学与工程、车辆工程、环境科学、计算机科学与技术 10 个本科专业。

学院具有一支老中青相结合、教学科研实践经验丰富的师资队伍。目前,专职教师110人,具有高级职称51人,博、硕士导师31人。

学院教学设施齐全,设有图书馆、电教室、化学实验室、计算机实验

室、生命科学实验室、机电工程实验室、体育场、水产苗种孵化室等设施，总建筑面积达 43654.37 平方米。

学院在和谐、健康、快速发展中展现着与时俱进的风采，服务面涉及我国三北及沿海地区，为我国海洋、水产事业作出了应有的贡献。

参 考 文 献

[1] 陶蕊，翟启江.美国先进技术计划评估实践的特点与启示[J].世界科技研究与发展，2018，40（6）：549-558.

[2] 许长青.产学新型合作伙伴关系的国际考察美国案例研究[J].高等工程教育研究，2009（2）：27-34.

[3] 赵志耘,杜红亮,任昱仰.美国技术转移制度体系探微[J].科技与法律，2012，95（1）：58-62.

[4] 王仲成.英国政府促进科技成果转化的主要政策与措施[J].全球科技经济瞭望，2012，27（5）：47-52.

[5] 刘正平.英国在技术转移和成果产业化方面的经验[J].国外创业瞭望，2005（3）：72.

[6] 夏杨燕，程晋宽.国家教育治理职能重心的转变——英国国家中央教育行政机构变革评析[J].外国教育研究，2019，46（8）：3-14.

[7] 刘瑞芹.英国高校科技成果转化体系及其对我国的启示[D].福建：厦门大学，2006.

[8] 程如烟，黄军英.英国产学研合作的经验、教训及对我国的启示[J].科技管理研究，2007（9）：40-42.

[9] 李晓慧，贺德方，彭洁.日本高校科技成果转化模式及启示[J].科技导报，2018，36（2）：8-12.

[10] 丁建洋.从知识本位走向能力本位：大学本质的回归——基于政策的视角看日本大学在产学合作中的特征[J].中国高教研究，2011（8）：72-76.

[11] 张晓东.日本大学及国立研究机构的技术转移[J].中国发明与专利，2010（1）：98-101.

[12] 时临云,张宏武,侯晓飞,等.中国和日本产学研一体化机制和政策的比较研究[J].科学经济社会，2010，28（4）：36-40.

[13] 任昱仰,赵志耘,杜红亮.日本技术转移制度体系概述[J].科技与法律，2012，95（1）：68-72.

[14] 肖洪.日本超大规模集成电路技术共同研究所研究成果简介[J].半导体情报，1980（6）：42.

[15] 吴寿仁.中国科技成果转化40年[J].中国科技论坛，2018（10）：1-15.

[16] 河北省深入推进京津冀协同创新共同体建设[EB/OL].（2019-08-17）.新华网.http：//m.xinhuanet.com/he/2019/08/17/c_1124883569.htm.

[17] 协同创新 合作共赢 秦皇岛市科技成果转化工作迈上新台阶[EB/OL].（2016-08-19）河北省科技厅官网.https：//kjt.hebei.gov.cn/web/news/ sxkjgz/qhd/19205/index.html.

[18] 2019高校及科研院所科技成果转化的新方式面面观[EB/OL].（2019-04-11）网易.https：//www.163.com/dy/article/ECG4A4TG 0514A PO9.html.

[19] 燕山大学概述[EB/OL].（2020-09）燕山大学官网.http：//www.ysu.edu.cn/xxgk/xxjj1.htm.

[20] 东北大学秦皇岛分校概述[EB/OL].（2020-05）东北大学秦皇岛分校官网.https：//www.neuq.edu.cn/xxgk1/xxjj.htm.

[21] 河北科技师范学院概述[EB/OL].（2019-12）河北科技师范学院官网.https：//www.hevttc.edu.cn/xxgk/xxjj.htm.

[22] 河北环境工程学院概述[EB/OL].（2019-07）河北环境工程学院官网.https：//www.hebuee.edu.cn/yqzl/xyjj.htm.

[23] 河北建材职业技术学院概述[EB/OL].（2019-05）河北建材职业技术学院官网.http：//www.hbjcxy.com/859/list.htm.

[24] 东北石油大学秦皇岛校区概述[EB/OL].（2019-05）东北石油大学秦皇岛校区官网. http：//www. nepuqhd. net/index. aspx?lanmuid=62&sublanmuid=564.

[25] 秦皇岛职业技术学院概述[EB/OL].（2018-03）秦皇岛职业技术学院官网. http：//www. qvc. edu. cn/col/1556089494333/index. html.

[26] 河北对外经贸职业学院概述[EB/OL].（2020-05）河北对外经贸职业学院官网. http：//www. hbiibe. edu. cn/col/1479192006265/index. html.

[27] 河北农业大学海洋学院概述[EB/OL].（2019-05）河北农业大学海洋学院官网. http：//ocean. hebau. edu. cn/xueyuangaikuang/xueyuanjianjie/.

[28] 习近平主持召开中央财经领导小组第九次会议[EB/OL].（2015-02-10）中国共产党新闻网.http://cpc.people.com.cn/n/2015/0210/c64094-26541936.html.

[29] 京津冀协同发展规划纲要月底发布 突出错位发展[EB/OL].（2015-03-23）中国经济网. http://www.ce.cn/cysc/newmain/yc/jsxw/201503/23/t20150323_4908041.shtml.

[30] 京津冀协同发展,以何为先导[EB/OL].（2015-05-02）人民网. http://politics. people.com.cn/n/2015/0502/c70731-26936566.html.

[31] 京津冀协同发展规划纲要获通过[EB/OL].（2015-05-01）人民网. http://politics.people.com.cn/n/2015/0501/c1001-26935006.html.

[32] 京津冀协同发展:让改革呼应蓝图[EB/OL].（2015-05-01）新华网. http://www.xinhuanet.com/politics/2015-05-01/c_127754726.htm.

[33] 京津冀协同发展领导小组办公室负责人就京津冀协同发展有关问题答记者问[EB/OL].（2015-08-23）新华网.http://www.xinhuanet.com//politics/ 2015-08-23/c_1116342156.htm.

[34] 写在京津冀协同发展重大国家战略实施五周年之际[EB/OL].（2019-02-23）中国新闻网. https://www.chinanews.com/sh/2019/02-23/8762505.shtml.

[35] 朱高峰.关于科技成果转化问题[J].科学学与科学技术管理,1996（10）：4-6.

[36] 贺德方.对科技成果及科技成果转化若干基本概念的辨析与思考[J].中国软科学,2011（11）：1-7.

[37] 徐国兴,贾中华.科技成果转化和技术转移的比较及其政策含义[J].中国发展,2010（10）：45-49.

[38] 方华梁.科技成果转化与技术转移：两个术语的辨析[J].科技管理研究,2010（10）：229-230.

[39] 范宝群,张钢,许庆瑞.国内外技术转移研究的现状与前瞻[J].科学管理研究,1996（1）：1-6.

[40] 张玉臣.技术转移机理研究——困惑中的寻解之路[M].北京：中国经济出版社,2009.

[41] 杨善林,郑丽,冯南平,等.技术转移与科技成果转化的认识及比较[J].中国科技论坛,2013（12）：116-122.

[42] 原长弘,杨鹏,惠龙,等.高等学校科技成果转化研究新进展：1994—2002[J].研究与发展管理,2003（6）：96-97.

[43] 郝远.高校科技成果转化的障碍与途径[J].清华大学教育研究,2004（3）：97-101.

[44] 翟天任,李源.高校科技成果转化的协同管理路径研究[J].科技进步与对策,2012（22）：44-47.

[45] 柳卸林,何郁冰,胡坤,等.中外技术转移模式的比较[M].北京：科学出版社,2012.

[46] 傅正华,韩秋实,栾忠权.地方高校技术转移研究[M].北京：知识产权出版社,2012.

[47] 李建强,等.创新视阈下高校技术转移[M].上海：上海交通大学出版社,2013.

[48] 仲伟俊,梅姝娥,谢园园.产学研合作技术创新模式分析[J].中国软科

学，2009（8）：174-181.

[49] 李玉清，许朗.高校科技成果转化的问题分析和对策研究[J].科技管理研究，2006（4）：128-131.

[50] 郝远.高校科技成果转化的障碍与途径[J].清华大学教育研究，2004（3）：97-101.

[51] 梅姝娥，仲伟俊.我国高校科技成果转化障碍因素分析[J].科学学与科学技术管理，2008（3）：22-27.

[52] 焦连志，牛贵宏.高校技术转移的知识产权制约瓶颈与对策[J].兰州学刊，2005（6）：185-188.

[53] 赵巍.高校科技成果转化：现状、问题及对策[J].长江大学学报（社会科学版），2012（6）：146-148.

[54] 麦均洪，马强，张乐平.高校科技成果转化模式研究[J].华南理工大学学报（社会科学版），2005（5）：73-77.

[55] 郭强，夏向阳，赵莉.高校科技成果转化影响因素及对策研究[J].科技进步与对策，2012（6）：151-153.

[56] 谭进，朱明君.论高校科技成果转化现状及对策[J].科研管理，2006（1）：33-35.

[57] 张慧，王雷.论高校专利技术转移及产业化[J].研究与发展管理，2007（1）：125-128.

附　　录

附录一　改革开放以来国家颁布的部分与高校科技成果转化有关的法律法规和规章制度

时间	名称	主要内容
1983年	《加强技术转移和技术服务工作的通知》	国家科委颁布，推动我国技术转移市场及其管理体制初步建立。
1984年	《中华人民共和国专利法》	在法律上明确发明创造作为无形资产受到保护，推进经济体制改革与科技体制改革的进程。
1985年	《技术转让暂行规定》	明确规定技术是商品，可以转让和流通。
1985年	《关于科学技术体制改革的决定》	开始放活科研机构、放活科研人员的改革。
1992年	《中华人民共和国专利法》（第一次修正）	扩大了专利保护范围，延长了专利权期限，增加了专利产品进口保护规定，并重新规定了实施专利强制许可的条件等，与国际发展趋势日趋协调。
1993年	《科学技术进步法》	促进技术市场的形成和科学技术成果商品化。
1996年	《中华人民共和国促进科研成果转化法》	指导科技成果转化的纲领性文件和根本大法。要求政府把科技成果规划到国民经济及社会发展当中，对高等院校与生产企业相结合，规定科技成果的创造者享有不低于20%的技术转移收入。

（续表）

时间	名称	主要内容
1999年	《关于促进科研成果转化的若干规定》	科技部、教育部、人事部、财政部、中国人民银行、国家税务总局、国家工商行政管理局七部门共同发布，对高校职务科技成果完成人和为成果转化作出重要贡献的其他人员的奖励作出具体规定。
	《关于促进科技成果转化有关税收政策的通知》	对高校的技术转让收入免征营业税，对高校职务发明成果以股权形式给予科研人员奖励的税收问题作出规定。
1999年	《大学知识产权保护管理规定》	首次全面系统地规定了大学知识产权制度，包括大学知识产权保护工作的任务和职责、知识产权归属、知识产权管理机构、奖酬与扶持和法律责任，成为大学科技创新中知识产权保护与管理的基本法规。
2000年	《关于大学与外国公司在教育领域开展科技合作若干问题的通知》	就大学与国外企业开展科技合作中的知识产权问题作进一步强调。
	《关于加强与科技有关的知识产权保护和管理工作的若干意见》	要求大学加强与科技有关的知识产权保护和管理。
	《中华人民共和国专利法》（第二次修正）	简化完善专利审批、专利纠纷诉讼程序，进一步完善专利保护制度，就处理专利国际申请问题与《专利合作条约》相衔接，并根据政府机构改革精神，完善专利行政执法体制。
2001年	《教育部关于贯彻落实〈中共中央、国务院关于加强技术创新，发展高科技，实现产业化的决定〉的若干意见》	落实1999年8月国家技术创新大会精神，对促进高校产学研，加快科技成果转化作出明确规定。
	《科技部关于大力发展科技中介机构的意见》	提出加强科技中介机构与高校、科研机构的联合与协作，为科技创新全过程提供综合配套服务。

（续表）

时间	名称	主要内容
2002年	《关于充分发挥高等学校科技创新作用的若干意见》	开始确立科研评价中的知识产权导向，要求合理利用"SCI"在科研评价方面的作用，从重视科研论文的数量向重视论文质量转变，从重视论文向论文与专利并重转变；推动大学成立技术转让机构。通过加强知识产权管理，促进专利申请工作，运用专利许可、技术转让、技术入股等各种方式推进大学开发技术的扩散应用。
	《关于国家科研计划项目研究成果知识产权管理的若干规定》	规定科研项目研究成果及其形成的知识产权，除涉及国家安全、国家利益和重大社会公共利益的以外，国家授予科研项目承担单位，项目承担单位可以依法自主决定实施、许可他人实施、转让、作价入股等，并取得相应的收益。在特定情况下，国家根据需要保留无偿使用、开发、使之有效利用和获取收益的权利。
2003年	《关于加强国家科技计划知识产权管理工作的规定》	对在国家科技计划项目的申请、立项、执行、验收以及监督管理中全面落实专利战略，进一步加强国家科技计划的知识产权管理作出具体规定。
2004年	《教育部、国家知识产权局联合发布关于进一步加强高等学校知识产权工作的若干意见》	要求高校从战略高度认识和开展知识产权工作，加强知识产权组织机构和管理制度建设，建立有效的激励机制，加强知识产权专业人才的培养。提出把知识产权工作，特别是发明专利作为评价高校科技工作的重要指标，纳入高校评价考核体系。鼓励部分高校设立专利技术评估、集成、孵化机构，促进专利实施，以实施促进科技成果保护。

(续表)

时间	名称	主要内容
2006年	《国家中长期科学与技术发展规划纲要（2006—2020年）》	提出要完善技术转移机制，促进企业的技术集成与应用，建立健全知识产权激励机制和知识产权交易制度，大力发展为企业服务的各类科技中介服务机构，促进企业之间、企业与高校和科研机构之间的知识流动和技术转移。
	《教育部和科技部关于进一步加强地方高等学校科技创新工作的若干意见》	为贯彻落实规划纲要的部署，强调要大力加强产学研合作，推动成果转化和产业化，进一步完善技术转让、技术转移机制。
	《专利法修订草案》	明确提出承担国家投资的科研项目完成的发明创造，申请专利的权利属于科研项目的承担单位。
2007年	《科学技术进步法》修订	主要针对制约我国科技进步的制度性问题，从6个方面进行了重大修订，包括制定和实施知识产权战略，建立和完善知识产权制度，调动科技工作人员的自主性、积极性、创造性，建立激励自主创新的制度等方面。
	《发改委、财政部、科技部、国家工商总局、国家版权局、国家知识产权局联合下发关于建立和完善知识产权交易市场的指导意见》	推进知识产权交易市场体系建设，规范交易行为，改进配套服务，加大政策扶持和监督管理力度。
2008年	《发改委、科技部、财政部、教育部、人民银行、税务总局、知识产权局、中科院、工程院关于促进自主创新成果产业化的若干政策》	共同提出通过完善自主创新成果发布机制、鼓励高等院校和科研机构向企业转移自主创新成果、鼓励科研人员开展自主创新成果产业化活动，大力推进科技成果转化，加大自主创新成果产业化投融资支持力度，营造有利于自主创新成果产业化的良好环境。

（续表）

时间	名称	主要内容
2009 年	《中华人民共和国专利法》（第三次修正）	对专利技术转化进一步鼓励和规范，进一步深化行政体制改革并细化明确专利权的归属，提高专利授权标准，并对外观设计专利的授权制度进行完善，提出维护公众利益并制止专利权的滥用。
	《国家税务总局关于技术转让所得减免企业所得税有关问题的通知》	根据《中华人民共和国企业所得税法》及其实施条例和相关规定，明确技术转让所得减免企业所得税应符合的条件和计算方法等有关问题。
2013 年	《教育部关于深化高等学校科技评价改革的意见》	实施科学的分类评价，针对科技活动人员、创新团队、平台基地、科研项目等不同对象，按照基础研究、应用研究、技术转移、成果转化等不同工作的特点，分别建立科学合理、各有侧重的评价标准。对主要从事技术转移、科技服务和科学普及的科技活动人员实行以经济社会效益和实际贡献为重点的评价。
2014 年	《财政部、科技部、国家知识产权局关于开展深化中央级事业单位科技成果使用、处置和收益管理改革试点的通知》	在国家自主创新示范区、合芜蚌自主创新综合试验区选择若干符合条件的中央级事业单位开展科技成果使用、处置和收益管理改革试点。
2015 年	《中华人民共和国促进科技成果转化法》（修订）	充分反映实施创新驱动发展战略对科技成果转化的新要求，删除现行法中不适应新形势的条款，细化和丰富现行法中较为原则、仍符合当前情况的条款，结合实践经验，大幅度补充新的制度措施。
2016 年	《国务院办公厅关于印发促进科技成果转移转化行动方案的通知》	落实《中华人民共和国促进科技成果转化法》（修订）提出的具体方案，重点任务包括开展科技成果信息汇总与发布、产学研协同开展科技成果转移转化、建设科技成果中试与产业化载体、强化科技成果转

(续表)

时间	名称	主要内容
2016年	《国务院办公厅关于印发促进科技成果转移转化行动方案的通知》	移转化市场化服务、大力推动科技型创新创业、建设科技成果转移转化人才队伍、大力推动地方科技成果转移转化、强化科技成果转移转化的多元化资金投入等方面26条。
2016年	《教育部科技部关于加强高等学校科技成果转移转化工作的若干意见》	下放科技成果使用、处置和收益权，完善科技成果转化收益分配机制，建立健全科技成果转化工作机制，对我国高校，尤其是教育部直属高校有很强的指导作用。
	《教育部办公厅促进高等学校科技成果转移转化行动计划》	明确了高校科技成果转化主要任务，包括加强制度建设、创新服务模式、加强平台建设、助力创新创业、实施专项计划、开展项目筛选、拓展资金渠道、建立报告制度等方面。
	《关于完善股权激励和技术入股有关所得税政策的通知》	完善股权激励和技术入股有关所得税政策，对技术成果投资入股实施选择性税收优惠。
	《教育部办公厅促进高等学校科技成果转移转化行动计划》	明确了高校科技成果转化主要任务，包括加强制度建设、创新服务模式、加强平台建设、助力创新创业、实施专项计划、开展项目筛选、拓展资金渠道、建立报告制度等方面。
	《关于完善股权激励和技术入股有关所得税政策的通知》	完善股权激励和技术入股有关所得税政策，对技术成果投资入股实施选择性税收优惠。
2017年	《教育部办公厅关于进一步推动高校落实科技成果转化政策相关事项的通知》	明确了政策实施过程中直接成本计算方法、成果评估处理方法、风险防控机制建立等关键问题。
2018年	《高等学校科技成果转化和技术转移基地认定暂行办法》	推进实施高等学校服务国家战略行动，加强与地方、行业协同创新，聚焦科技成果转化推动经济高质量发展，探索高校科技成果转化机制和模式，完善高校促进科技成果转化的管理体系、制度体系和服务支撑体系，加速高校科技成果转移转化。

附录二 近年来河北省颁布的部分与高校科技成果转化有关的政策文件

时间	名称	主要内容
2017年	《河北省政府办公厅关于河北·京南国家科技成果转移转化示范区建设实施方案（2017—2020年）》	要形成"京津研发、河北转化"的创新协作新模式，打造"一区11园"的空间布局；到2030年，形成产业特色明显、功能布局合理、国内一流、国际知名的科技成果孵化转化中心。
	《河北省政府办公厅关于落实以增加知识价值为导向分配政策的实施意见》	《意见》围绕国家政策落地，同时针对河北现状作了大胆创新，确保产生激励创新的实际效果。主要内容包括："五险一金"可纳入科研项目劳务费，科研人员技术入股可递延纳税，科研机构和高校自定工资由"审批"变"备案"，建立科研机构、高校科技成果转化免责机制。
	《河北省政府办公厅关于加快推进科技创新的若干措施》	《措施》突出问题导向，围绕加快补齐创新短板，重点就加快发展高新技术企业、培育壮大科技型中小企业、着力打造科技创新平台、支持建设新型研发机构、大力推动科技成果转移转化、加强专利创造运用、加大科技投入、强化督导考核等8个方面，明确了25项具体措施。
	《河北省科技厅关于支持中央驻冀科研院所科技成果转化的若干措施（试行）》	主要在支持科技成果产业化开发应用、支持转化服务平台建设和支持创办高新技术企业3个方面让中央驻冀科研院所的科技成果加快转化。
2018年	《河北省政府关于河北省技术转移体系建设实施方案》	河北省技术转移体系建设有两大阶段目标：到2020年，万人发明专利拥有量增长到5件、京津技术输出中河北占比增长到10%、科技进步贡献率增长到60%、涉外技术合同交易总额年增长率达到15%以上；到2025年，全面建成布局合理、功能完善、体制健全、运行高效、特色突出的技术转移体系。
	《省政府办公厅印发河北省科技奖励制度改革方案》	明确10项重点任务，以进一步完善科技奖励制度，发挥科技奖励激励自主创新、激发人才活力、营造良好创新环境。

(续表)

时间	名称	主要内容
2019 年	省委省政府出台《关于深化科技改革创新推动高质量发展的意见》	《意见》提出深化高等学校、科研院所改革，增强创新供给能力；优化科技人才发展机制，强化高质量发展智力支撑；优化创新平台系统布局，提升支撑服务能力；健全技术转移转化机制，加速科技成果资本化、产业化；创新军民科技融合发展机制，提高统筹资源协同创新能力；统筹推进区域创新改革，提升开放协同创新水平；推进科技管理改革，提高创新资源配置效率；营造良好创新环境，形成有利于创新的社会氛围等。
	《河北省科学技术厅、河北省教育厅、河北省财政厅、河北省人力资源和社会保障厅〈关于进一步促进科技成果转化和产业化的若干措施〉的通知》	共分创新科技成果转化支持方式、强化科技成果转化政策激励、完善科技成果转化服务体系、建设科技成果中试和产业化载体和强化科技成果产业化金融支撑 5 个部分，明确了 20 条具体措施。
	《河北省财政厅关于印发〈河北省省级事业单位国有资产处置实施办法〉的通知》	明确了省政府设立的研究开发机构、高等院校对其持有的科技成果，可以自主决定转让，不需报主管部门、省财政厅审批或者备案。省属高校自主处置已达使用年限并且应淘汰报废的资产取得的收益，按照预算管理有关规定安排学校使用。省政府设立的研究开发机构、高等院校转化科技成果所获得的收入，按照预算管理有关规定全部安排本单位使用。

附录三 近年来秦皇岛市颁布的部分与高校科技成果转化有关的政策文件

时间	名称	主要内容
2016年	秦皇岛市政府办公厅《关于印发〈关于深化薪酬分配制度改革鼓励科技创新创造实施细则〉（试行）的通知》	鼓励单位科技人员在完成本职工作的基础上，在本省范围内兼职从事科技创新、成果转化、服务企业等活动，由此产生的收入归个人所有。事业单位科技人员经所在单位同意并签订书面协议后，可在省内离岗从事科研创新和成果转化工作，实行另册管理，3～5年内在原单位保留人事关系，由原单位继续为其缴纳养老、失业、医疗等社会保险（单位缴纳部分），创业所得收入归个人所有。
	秦皇岛市财政局《关于财政助推科技创新投入实施细则》	加大财政科技投入力度，优化整合科技资金，市级财政每年实施支持企业事业单位技术研发活动、支持科技成果转移转化、支持企业事业单位提升创新能力、支持创新创业、支持人才开发计划等多项促进科技创新措施。
	秦皇岛市财政局、科技局《关于改进市级财政科研经费使用和管理实施细则（试行）》	简化预算编制科目，下放预算调剂权限，间接费用实行总额控制，项目实施过程中参与项目的研究生、博士后，聘用的研究人员、科研辅助人员等，均可按规定标准开支劳务费等多项改进措施。
	秦皇岛市国税局《关于支持科研人员创新创业税收优惠、优化纳税服务的实施细则（试行）》	在支持企业外聘研发人员，支持企业委托科研机构和人员开展研发活动，积极促进技术转让、技术服务等业务活动等10个方面提供税费减免、帮扶服务。
	秦皇岛市科技局、财政局、人社局、工信局《关于优化科技资源配置实施细则（试行）》	从改进项目申报方式，简化项目申报流程，高校及科研院所直接申报市级科技计划项目，鼓励企业加大研发投入，建立企业成果转化激励机制，建立企业研发费用优惠政策落实情况跟踪检查制度，支持高校和企业联合建立科研基金，进一步加强创新平台建设，强化科技资源共享平台建设，加快技术转移、交易机构建设，建立"双创"投资引导机制，采取政府与社会资本合作的方式，引导社会资本联合组建天使投资基金，实施"科技创新卡"计划10方面优化科技资源配置。

（续表）

时间	名称	主要内容
2016年	秦皇岛市教育局、科技局、人社局、财政局《关于秦皇岛市扩大高校和科研院所开展科研自主权实施细则（试行）》	从简化财政科研项目预算编制和调整程序，劳务费不设比例限制，增加科研项目经费中间接费用比重，高校和科研院所科技成果转移转化所得收入全部留归本单位，纳入预算，不上缴国库等多个方面扩大高校和科研院所自主权。
	秦皇岛市发改委《关于提升产业创新能力实施细则（试行）》	对新认定的国家级、省级、市级企业技术中心、工程实验室、工程研究中心，市政府分别给予40万元、20万元的奖励资金。评价结果为优秀的省级、市级企业技术中心，优先推荐申请国家、省创新平台支持。
	秦皇岛市公安局《关于服务科研人员和科技创新的实施细则》	对科研人员许可申请提供预约服务、加急办理服务；对科研人员急需办理的公安行政许可事项，特事特办、急事急办，实行预约办理、加急办理；设立公共户口方便科研人才落户；严厉打击侵犯知识产权违法犯罪。
	秦皇岛市工信局《关于支持企业研发人员创新的实施细则（试行）》	支持企业积极开展产学研用协同创新，引进高层次创新团队，对创新团队带来的技术、成果的转化和产业化项目，积极争取省级工业转型升级专项资金支持，市级企业发展专项资金给予优先支持。支持制造企业联合科研院所、高等院校以及各类创新平台，加快构建支持协同研发和技术扩散的"双创"体系。
	秦皇岛市监察局《关于监察机关助力科研领域"放管服"改革实施细则（试行）》	积极推进科研院所、高等院校、国有企业等监察机构建设，理顺监督体制机制，提高监督执纪问责能力。
	秦皇岛市委组织部、市科技局、市发改委、市财政局、市人社局、市工信局《关于秦皇岛市扶持高层次创新团队实施细则（试行）》	规定对基础创新团队，给予连续3年、每年10万元至50万元的稳定性支持。对技术创新团队，取得重大工程技术成果、具有广阔应用前景和推广价值的，采取奖励性后补助方式，给予50万元至100万元的专项经费支持。对产业创新团队，给予100万元至500万元的风险投资资金支持。对国家"两院"院士，国家"千人计划"专家，国家重点实验室、国家工程技术研究中心等主要负责人，京津高校院所、大型科技企业集团高端人才来我市创新创业的给予重点支持，一事一策。

（续表）

时间	名称	主要内容
2016年	秦皇岛市编委办《关于赋予高校和科研院所机构编制更大自主权实施细则（试行）》	规定高校、科研院所在机构编制部门批准的机构限额内，可自主设置内设机构和所属教学、科研机构，确定职责任务，对编制在总量内统筹调剂使用、动态管理。设立引进高层次人才周转编制制度。对于满编的高校、科研院所，成功引进高层次人才，可使用周转事业编制，确保高精尖人才用编急需。
	秦皇岛市金融办《关于金融助力科研人员创新创业实施细则》	进一步完善我市中小微企业贷款风险补偿机制。鼓励和引导企业针对科研人员建立自主创新的中长期激励机制，支持上市挂牌企业开展股权、期权、分红等激励试点。促进科技金融公共服务平台发展。发展集评估、咨询、法律、财务、融资、培训等多种功能于一体的高端科技金融中介服务机构，加大对科技金融中介服务机构的金融支持力度。鼓励支持各金融机构建立科研人员信用体系。加强科技金融人才建设。依托京津冀高校教育资源优势，加大科技金融人才的培育和交流机制。
	秦皇岛市食品和市场监督管理局《关于鼓励科技人员创新创业实施细则（试行）》	推行市场主体准入"多证合一"；放宽住所（经营场所）登记条件；推进工商登记全程电子化；推进企业简易注销改革工作；优化审批流程；大力实施商标品牌战略。
	秦皇岛市地税局《关于科研人员创新创业税收优惠和纳税服务实施细则（试行）》	规定科研机构、高等学校转化职务科技成果以股份或出资比例等股权形式给予个人奖励，获奖人在取得股份、出资比例时，暂不缴纳个人所得税。企业委托外部机构或个人开展研发活动发生的费用，可税前扣除。一个纳税年度内，符合条件的技术转让所得不超过500万元的部分，免征企业所得税；超过500万元的部分，减半征收企业所得税。
	秦皇岛市审计局《关于审计助力创新型城市建设的实施细则（试行）》	审计处理要严格把握尺度，做好甄别；审计重点要推动科技创新相关政策落地和体制制度的完善；审计机关要鼓励创新、宽容失败；审计机关要解放思想、锐意创新。
	秦皇岛市农业局《关于鼓励农业科技创新创业实施细则》	从支持机关事业单位人才离岗创业、允许农业科技人员在岗创新创业、支持高端人才创新创业、支持大学生创新创业、支持农业新型经营主体创新创业、建立创新科技成果转化评价机制、优化创新创业环境等7个方面鼓励农业科技创新创业。

（续表）

时间	名称	主要内容
2016年	秦皇岛市政务服务中心《关于全面优化科技人员创新创业工作细则》	为科技人员创新创业涉及中心审批方面的业务采取全程代办的模式，提供涉及企业注册、变更等相关事项及建设项目审批的全程代办服务。除法律、法规明确规定必须交纳的费用外，中心代办工作人员无偿为科技人员创新创业提供厅内相关业务的全程代办服务。代办服务全程严格遵守法律、法规相关政策规定，并按照承诺时限和法定程序办理。市政务服务中心各窗口充分发挥进驻部门集中办公的优势，通过增进部门间审批服务协作，共同为科技人员创新创业提供优质高效服务。
	秦皇岛市质监局《关于鼓励科技型企业实施标准化战略的实施细则》	充分发挥市标准化委员会组织协调职能，开展标准制修订、标准化研究、标准实施推广服务等方面的技术工作；鼓励科技型企业自主制定、实施企业标准，进行标准自我声明公开；推动我市科技创新型开展团体标准试点，整合优质资源，建立科技型企业间的协同发展机制和自律机制；建立技术创新与标准化协调发展的促进机制，促进科技成果转化。
	秦皇岛市工信局《关于推进军民融合协同创新实施细则》	鼓励有条件的企事业单位、高等院校开展军民两用科技人才培养；建立服务平台，加快军民兼容科技平台建设及建立军民融合动态管理项目库，完善军民融合技术服务、技术市场、科技成果信息发布等服务体系等措施。
	秦皇岛市住房保障和房产管理局《关于支持创新创业的实施细则（试行）》	将公共租赁住房的部分房源专门用于保障创新创业科研人员的实际居住需要；按照"自愿申报、公平排序、自主选择"的原则，组织开展房屋的分配工作；科研人员承租公共租赁住房的，免收物业费、电梯费，租金标准在公共租赁住房租金标准的基础上予以一定比例优惠；在公共租赁住房装修的基础上，提供家具、家电出租服务，科研人员可自愿选择租赁使用；科研人员承租公共租赁住房期间，应按期缴纳房屋租金；科研人员承租公共租赁住房期间，不得将房屋转租他人，更不得在屋内从事违法活动。

附录四　驻秦高校科技成果转化情况调查问卷

尊敬的朋友：您好！

为了解驻秦高校科技成果转化的现状，进一步提高驻秦高校科技成果在秦皇岛市的转化率，为此组织开展本次驻秦高校科技成果转化情况专项调查问卷。希望通过您的配合，让我们对驻秦高校科技成果转化存在问题有深入了解，研究出解决问题的对策，并为秦皇岛市政府及相关部门推动科技成果转化工作决策提供科学依据。

问卷为不记名填写，请您按实际情况如实填写，我们将对您的个人信息予以严格保密，真诚感谢您的大力支持和配合！

填写说明：

1～10 题只可选择一项，11～20 题可选择多项，请选择您认为正确的选项。

一、单项选择

1.您的年龄（周岁）

A.29 岁以下　B.30～39 岁　C.40～49 岁　D.50～59 岁　E.60 岁以上

2.您的性别

A.男　B.女

3.您的最高学历

A.博士研究生　B.硕士研究生　C.大学本科　D.大专　E.中专

F.高中及以下

4.您的专业技术职称

A.正高级　B.副高级　C.中级　D.初级　E.无职称

5.您的工龄情况

A. 30 年以上　B.20～29 年　C.10～19 年　D.10 年以下

6.您的政治面貌

A.共产党员　B.共青团员　C.民主党派　D.无党派人士

7.您属于以下哪类专业技术人员

A.工程技术人员　B.科学研究人员　C.教学人员　D.卫生技术人员

E.农业技术人员　F.其他

8.您所在单位或机构

A.高等院校　B.科研院所　C.医疗卫生机构　D.企业　E.机关

F.其他

9.您对目前我市各高校科研情况总体看法

A.满意　B.较满意　C.不满意　D.不了解

10.您对目前我市科技成果转化政策的总体看法

A.满意　B.较满意　C.不满意　D.不了解

二、不定项选择

11.您认为驻秦高校科技成果转化存在问题主要责任主体是

A.政府　B.企事业单位　C.高校　D.科研院所　E.其他

12.根据您的了解，影响高校、科研院所等科技工作者为企业服务的主要原因是

A.缺乏参加经济活动的意识　　B.缺少高水平的科研成果

C.缺少为企业服务的平台　　　D.缺少相关政策支持

E.缺少为企业服务的激励机制　F.影响本职工作

G.其他

13.您认为驻秦高校科技成果转化不理想的主要原因是

A.成果转化中介服务不完善　　B.相关激励政策和法规不健全

C.成果中试环节没有解决　　　D.成果与市场需求不匹配

E.成果转化缺乏资金　　　　　F.成果评价不可靠

G.经济结构对成果的吸纳力不强

14.解决驻秦高校科技成果在秦转化问题的对策建议

A.建立供需数据库　　　　　　B.搭建科技成果转化平台

C.加强科研立项指导提高供需匹配度　　D.制定优惠政策鼓励

E.建立科技成果中试基地和承载科技成果转化基地

F.支持企业和高校共建研发机构

G.设立吸引高校科技成果转化奖励基金

H.加强驻秦高校科技成果转化的组织推动

15.您认为科技成果最需要获得哪种技术转化服务

A.技术创新服务　　B.技术交易服务　　C.创业孵化服务

D.成果转化信息与咨询服务　　E.技术示范与推广服务

F.成果产业化服务　　G.知识产权服务

16.您所在单位科研项目（课题）的主要来源为

A.国家科技计划　　B.省级计划项目　　C.市县级计划项目　　D.民间基金

E.国际合作　　F.横向委托　　G.自立项目

17. 您所在单位主要采用的技术成果转化方式

A.使用权许可（许可使用该科技成果）

B.产权转让（转让该科技成果产权）

C.技术入股（以该科技成果作为投资，折算股份或出资比例）

D.合作转化（合作开发共同实施转化）

E.交钥匙工程（除成果产权外还提供技术、设备、人员等全套服务）

18.您所在单位科技创新和成果转化方面已享受哪些政府扶持政策

A.专项资金支持或财政补贴　　B.减免部分税费　　C.人才引进和培养

D.政府采购政策　　E.知识产权质押贷款　　F.信用担保、科技保险

G.优先划拨实验、中试基地建设用地　　H.没有享受任何支持

19.影响政府科技成果转化政策落实的主要原因为

A.对政策不够了解　　B.资金扶持力度有限　　C.政策要求过高

D.部门间政策不协调　　E.环节过多　　F.政策可操作性不强

20.您最希望政府及相关部门在科技成果转化方面提供哪些支持

A.制定激励成果转化政策　　B.加大对重大转化成果的奖励力度

C.建立完善成果评价体系　　D.加大成果转化专项资金投入
E.规范成果转化技术市场　　F.完善成果转化服务平台
G.拓宽融资渠道　　H.建立完善中试环节　　I.税收优惠

附录五　秦皇岛市企业科技成果转化情况调查问卷

尊敬的受访者：

您好！

为了解我市企业吸引高校、科研院所，科技成果转化的现状和需求，进一步提高企业与驻秦高校科技成果转化率，为此组织开展我市企业科技成果转化情况专项调查问卷。希望通过您的配合，让我们对秦皇岛市企业科技成果转化取得的成绩和存在的问题有深入了解，研究出解决问题的对策，并为秦皇岛市政府及相关部门推动科技成果转化工作决策提供科学依据。

问卷为不记名填写，请您按实际情况如实填写，我们将对您的个人信息予以严格保密，真诚感谢您的大力支持和配合！

填写说明：

1~14题只可选择一项，15~25题可选择多项，请选择您认为正确的选项。

一、单项选择

1.您的最高学历

A.博士研究生　B.硕士研究生　C.大学本科　D.大专　F.中专

G.高中及以下

2.您的专业技术职称

A.正高级　B.副高级　C.中级　D.初级　E.无职称

3.您的工龄情况

A.30年以上　B.20~29年　C.10~19年　D.10年以下

4.您的政治面貌

A.共产党员　B.共青团员　C.民主党派　D.无党派人士

5.您所在单位的性质

A.国有企业　B.独资企业　C.民营企业　D.合资企业　E.其他

6.您所在单位规模 （从业人员）

A.20人以下　B.20~100人　C.100~500人　D.500人以上

7.贵企业科技成果的主要类型为

A.专利技术　B.非专利技术　C.软件著作权　D.新品种登记

E.其他成果

8.贵企业科技成果研发的主要形式为

A.自主研发　B.联合研发　C.委托其他机构研发　D.其他

9.贵企业科技成果转化的主要形式为

A.自主生产　B.技术入股　C.技术转让　D.技术服务　E.其他

10.您对目前我市科技成果转化政策的总体看法

A.满意　B.较满意　C.不满意　D.不了解

11.贵企业参与政府部门组织的科技成果转化方面的对接活动

A.较多　B.较少　C.未参与　D.不了解

12.贵企业科技成果转化享受政策优惠的情况

A.较多　B.较少　C.未享受　D.不了解

13.贵企业对是否愿意接受高校的学生、科研人员到企业实习、就业

A.非常愿意　B.比较愿意　C.一般　D.不太愿意　E.不愿意

14.您认为企业科技成果转化存在问题主要责任主体是

A.政府　B.企事业单位　C.高校　D.科研院所　E.其他

二、不定项选择

15.贵企业主要吸收科技成果的来源为

A.政府科技计划成果　B.横向（企业）委托成果　C.自选课题成果

D.合作成果（产学研合作等）　E.外购技术或成果　F.其他

16.贵企业科技成果转化的主要途径

A.直接向投资机构或企业推介　B.通过科技中介机构

C.参加技术交易平台　D.参加产学研交流活动　E.企业自主转化

F.其他

17.您认为制约科技成果转化的内部因素

A.技术产业化条件不成熟　　B.管理体制不健全

C.成果信息宣传不够　　　　D.成果不适应市场需求

E.推广经费不足　　　　　　F.缺乏良好的转化合作机制

G.缺乏高技术专业人才　　　H.其他

18.您认为制约科技成果转化的外部因素

A.政府缺乏相应的鼓励政策　　B.知识产权保护体制不完善

C.技术产权交易体制不完善　　D.科技中介服务体系不完善

E.政府缺乏相应的资金支持　　F.产学研交流合作渠道不畅

G.缺乏中试、检测等服务平台　H.缺乏权威科技成果转化服务平台

I.缺少风险投资　J.考核制度对成果转化缺乏激励作用　K.其他

19.您认为企业科技成果转化需要社会提供哪些支持或服务

A.资金支持　B.技术支持　C.成果的评估、包装服务

D.成果转化的代理、谈判服务　E.成果的宣传、推介服务

F.相关的信息服务　H.其他

20.您认为科技管理部门在企业科技成果转化过程中应加强哪些方面的工作

A.建立完善的成果交易市场　　B.增加科技成果转化资金投入

C.设立科技成果转化引导基金　D.出台鼓励成果转化的优惠政策

E.政策指导与解读　F.提供针对性的培训、咨询服务

G.发展科技中介，特别是成果转化代理（谈判）机构

H.定期组织技术成果方与投资者对接洽谈活动　I.其他

21.贵企业与高校、科研院所合作方式

A.技术转让　B.技术入股　C.合作研发　D.委托研发

E.共建研发平台　F.教学-科研-生产联合体　G.其他

22.贵企业一般需要的技术成果是处于_____阶段

A.实验室技术　　B.小试技术　　C.中试技术　　D.批量生产技术

E.产业化技术　　F.产业化后期技术

23.贵企业科技成果转化的资金主要来源于

A.政府资金支持　　B.合作方资金投入　　C.风险投资公司投入

D.银行借贷　　E.自有资金投入　　F.融资　　G.其他

24.贵企业科技成果转化最需要哪方面的政策

A.专项资金支持　　B.财政补贴　　C.税费政策　　D.融资政策

E.人才政策　　F.平台建设政策　　G.其他

25.贵企业科技成果转化中急需政府、中介机构等提供的专业服务包括

A.国家相关政策研究和解读　　B.产学研合作的供需信息服务

C.科技成果金融、法律、知识产权咨询等服务

D.科技成果中试专业服务　　E.人才引进、培育、对接服务　　F.其他